从平凡到卓越

优秀教师的修炼之道

蒋宗尧 著

CNS | 湖南人民出版社 · 长沙

序

余文森

什么样的教师才是优秀教师呢?

大家首先想到的是各级政府及学校每年教师节时表彰的先进人物,如全国、省、市、县、乡镇以及学校的模范教师、优秀教师等。这类优秀教师,无论在城镇学校还是在山区、海岛学校,都能敬业爱岗,拼搏奉献,牺牲休息时间为学生补课,甘当人梯、甘当蜡烛。这类优秀教师令人肃然起敬,其精神是可嘉的。

另一类优秀教师,便是各级教育行政部门(或政府)评选出的各个层次的骨干教师、学科带头人、特级教师、专家型教师、名师等。这类优秀教师,他们之所以优秀,不仅因为他们敬业爱岗,拼搏进取,更因为他们教育教学能力强,教育教学质量高,教育科研成果多,他们深受学生和家长欢迎,深受同行和领导好评。

前一类优秀教师凸显其先进性,后一类优秀教师凸显其学术性,有的优秀教师先进性与学术性兼而有之。我认为,蒋宗尧老师就是一位先进性与学术性兼而有之的优秀教师,尤其在教改实验方面，他持之以恒，为我们提供了可借鉴的经验。

我是1988年开始接触蒋宗尧老师总结的“三环节·三反馈”教学方式实验的，并受聘担任该项实验的顾问。1994年在福建省普教室王永老师和本人的倡议下，成立福建省中学数学四项教改实验研究课题组，并于同年5月在“三环节·三反馈”教学方式实验发源地——连城县召开了第一次四项实验比较研讨会，借此机会本人较深入地考察和研究了“三环节·三反馈”教学方式实验，我认为该项实验的价值及其启示有如下几点：

1. 为人们提供了一个按照初中学生学习能力发展规律进行学法指导和自学能力培养的典范。该项实验从山区初中学生学习的实际情况出发，把学生能力发展的进程分为基本依靠老师、相对独立学习、基本独立学习三个阶段，并据此确定教读阶段、导读阶段、自读阶段三个教学阶段。我们认为这种对学习阶段的划分和教学阶段的设计基本上是符合客观规律的，该实验的效果也足以说明这一点。学生自学能力的发展在不同阶段都有质的飞跃，实验班学生经过三年培养，在阅读教材的速度、理解教材的深度上明显优于非实验班。这一实验的效果也使我们对山区学生独立学习能力的培养和发展充满信心。

2. 该实验所倡导和实行的读先于讲的教学方法是对传统课堂教学注入式的彻底否定，它体现了一种崭新的教学观，即教必须服从、服务于学。在该项实验中，学生的学被置于首要位置，教师要求学生带着问题提纲阅读思考教材，尝试理解教材内容，这样的读是建立在独立思考的基础上的。听在读之后，主动权掌握在学生手中，听自然也就成为一种有针对性的、自觉的、主动的求知活动，听的效率和效果明显提高。该实验的特色还在于：讲不仅是老师讲，更有学生讲。这种让学生讲、教师听（学生先讲，老师后讲）的教学方法是教学方法上的一个创举，也是让学生激发潜能、热爱学习的奥妙所在。

3. 控制论的创始人维纳说过："一个有效的行为必须通过某种反馈过程来取得信息，从而了解目的是否已经达到。"用控制论、信息论、系统论的基本原理来指导教学，就是注重运用反馈手段。该实验在这方面的作为主要表现在：变传统教学的大循环、慢反馈、弱矫正为小循环、快反馈、强矫正。从而极大地消除了学生的累积误差，使学生的学习不断地从一个阶段顺利地过渡到另一阶段，最终实现教学的总目标。

总之，本人认为，该项实验无论是理论方面还是实践方面，对培养学生自学能力和大面积提高教学质量都是有贡献的，是一项极有生命力的教改实验课题。

如何成为一名优秀教师，蒋宗尧老师不仅在实际行动上给老师们树立了榜样，而且在理论上进行了总结和提炼。这本专著，立意高，观念新，通俗易懂，操作性强，是值得老师们一读的一本好书。

自 序

怎样成为一名优秀教师

蒋宗尧

成为一名优秀教师不仅是学校领导对每一位教师的要求，也是每一位老师梦寐以求的。但是，要真正成为一名优秀教师，又是非常不容易的。就我自己的体会来说，外因、内因都很重要。

从外因来说，我认为必须具备以下三个条件：

一是要有领导的重视与关心。

良好的校园环境是优秀教师成长的土壤，学校应该形成一个健康、融洽、和谐、宽松、团结、友爱、民主的校园环境。而形成这种良好校园环境的关键在于学校领导和上级有关部门领导及职能部门，在于领导的素质。领导要重视优秀教师队伍的建设，要千方百计为优秀教师搭建成长平台，千方百计创造条件让优秀教师脱颖而出，真正做到惜才、爱才和任人唯贤，不要害怕部下超过你，更不要妒忌、打击和压制优秀人才。我认为这是优秀教师健康成长的最重要的条件。在这方面我是幸运者，无论是过去的工作单位，还是现在的工作单位，我的上级领导，无论是县（区）领导，还是教育局领导，或是学校领导，他们都非常关心我、爱护我，有点成绩就表扬我，有点进步就鼓励我。

二是要有同事的合作与支持。

优秀教师的成长是离不开同事的合作与支持的，即便你的学历和理论水平再高，你的教学教研能力再强，如果没有同事的支持，就是孤家寡人，最终难有成就。教研组长、备课组长需要学科老师的配合与支持，班主任也需要学科老师的配合与支持。特别是开展课题研究时，必须有同事的支持与合作。在原工作单位，我在充分调查研究的基础上，总结创设了“三环节·三反馈”教学方式实验，在各级领导的关心和同事们的支持与合作下，实验成效很好，实验范围不断扩大。这一教学方式实验时间已经长达二十多年之久，这在省内外都是不多见的。

三是要有家人的理解与配合。

要成为一名优秀教师，付出是很多的，没有付出，就不可能有收获。自参加工作以来，我都是超负荷地工作，白天工作很忙，晚上还要看书学习做研究，还要写书。所以，家里的事我几乎没有管，孩子的学习也几乎没有管，从家庭的角度来说，我不是一个好丈夫、好父亲。但是，我的家人都很理解我，我很感谢她们。

从内因来说，我认为，要成为一名优秀的教师，也要做到以下三条：

一是要热爱教育事业。

当老师工作辛苦，待遇不高，并且大都是一辈子默默无闻，无私奉献，没有一种对教育事业的执着追求，想要成为一名优秀的教师是不可能的。我年轻时当过小学民办教师，教过初、高中毕业班，由于成绩突出，1983 年被调到县教师进修学校教研室当教研员，由于工作表现好，1987 年被提拔为教师进修学校副校长，1992 年任命为教育局副局长。按常理我应该走从政这条路子，就是不当教育局长，也不该回到学校去。但是，我总感到我的根在学校，我爱教师这个角色，我爱教育这个事业。因此，1995 年我又从教育局回到教师进修学校，在当好校长角色的同时，努力当好教师角色，经常深入中小学调查研究、听课评课、主持课题研究、为老师们开讲座等。在此期间，单位和我本人都取得了一系列成果，受到领导和老师们的好评。2002 年，我被厦门集美中学刘卫平校长的诚意所感动，毅然辞去教师进修学校校长职务，到集美中学任教。从 1983 年到 2002 年，近 20 年里，我没有在基层学校任教，角色的转变对我本人来说的确是一个非常严峻的考验与挑战，许多人都在为我担心。但是，在学校领导的关心鼓励下，在同事们的支持与帮助下，我所负责的教科室工作受到上级教研部门和同事们的充分肯定。

二是要努力学习与积累。

当今社会是一个学习型社会，不努力学习就跟不上时代的步伐，就有可能被社会所淘汰。靠经验、靠拼搏干工作固然重要，但更需要靠政策、靠智慧、靠科学干好工作，这些都离不开学习。有党和国家的方针政策，有国内外时事政治，有本行业专业理论知识，有现代科学技术知识，有课程改革的新理念、新知识、新方法，年轻的同志还要学习计算机、学习外语等。要成为一名优秀的教师，非加强学习不可。不仅要向书本学，还要向有经验的老师学，甚至要向学生学习。当然，学习要结合自己的工作实际，要有针对性地学，还要做到一边学习一边思考。长期以来，我每天无论多忙总要挤出时间看书看报，1 分钟可看 250 ~ 300 个字，40 分钟可看 1 万个字。没有整块时间就利用零散时间，睡前饭后甚至车上都可利用。读书过程中要尽可能做点笔记，或摘抄，或将一些有用的东西输入电脑保存。要成为一名优秀教师，一定要善于积累有用的资料，如每年拿出一些钱购买新书、订阅报刊，还可经常剪辑一些文章、收集一些教学参考资料，如教案、试题、考卷、论文等。知识是积累起来的，智慧也是积累起来的。善于积累的老师，肯定是一位知识渊博的老师，肯定可以成为一位优秀的老师。

三是要善于研究与总结。

教育是一门科学，是科学就必须去探索与研究；教育又是一门艺术，是艺术就必须去锤炼与总结。优秀教师绝不是一名教书匠，他必须是一位教育教学研究者，他必须是一位教育艺术家。有些老师教了一辈子书，和学生打了一辈子交道，但是，不能成为一位优秀的教师，其中一条重要的原因就是平时不善于研究和总结。这里有一个意识问题，有的老师把教育研究神秘化，认为研究是专家学者的事；有的老师怕搞研究会影响教学质量，把教育研究与提高教育质量对立起来；有的老师怕麻烦，认为搞研究又要学习又要培训，又要收集、积累资料又要写论文，又要经常上研讨课或公开课，又要经常交材料，够麻烦、够辛苦的；有的老师认为搞不搞研究无所谓，只要教学能取得好成绩，就是一位优秀教师，管他什么研究不研究的。持以上观点的老师，满足于上课下课、备课改卷、考试训练，整天忙于给学生找题、练题、讲题，陷入事务性圈子和题海战术。如果一位老师没有研究的意识，没有不断总结、不断反思的意识，他就不可能成为真正意义上的优秀教师。自参加工作以后，由于有优秀教师的指点，我在教育科研方面应该说意识比较强，起步比较早，也尝到了甜头。2014年，“三环节·三反馈”教学方式获得首届基础教育国家级教学成果奖二等奖。

我的人生经历算不上什么传奇，我的追求算不上执着，我的奉献算不上无私，我的成果算不上丰硕，我的事迹算不上感动，但是党和政府关心着我，领导和同事支持着我，妻子和家人照顾着我，荣誉与鲜花没有忘掉我。我感到十分荣幸，同时又感到不安，因为我还做得不够，这是肺腑之语，并非谦虚。

我 1989 年被评为全国优秀教师，1991 年被福建省教委破格评为中学高级教师，1997 年被评为福建省龙岩市优秀知识分子，1998 年被评为福建省中学特级教师，多次被评为县（区）管、市管拔尖人才，2001 年获得苏步青数学教育奖二等奖，2002 年被中共福建省委、福建省人民政府授予“福建省优秀专家”称号。《闽西日报》《中国教育报》《数学教师》《福建教育》《教育研究》等报刊都曾介绍过我的事迹与成果。我的学历不高，我的水平有限，只不过我在教育科研方面的意识比较强，也比较注意总结经验教训，相信许多老师都能做得比我好。

目录

教育观念

优秀教师从教、立教的奠基之路

教育
研究

优秀教师形成风格的关键之路

教改
实验

优秀教师可持续发展的必由之路

——“三环节·三反馈”教学方式实验研究介绍

教 育 观 念

优秀教师从教、立教的奠基之路

按专家的说法，教育思想有三个层次之分：教育认识、教育观念、教育理念。由此看来，教育理念是教育思想的最高境界，它是一种理想化、信仰化的教育观念。

有人说，教育理念，它是教师的主心骨，是教师的灵魂。教师心中如果有了正确的教育理念，那么不管遇到什么阻力，碰到什么困难，他都会勇往直前，朝着自己的理想、信仰而奋斗不息，这是教师人生价值和人生幸福的源泉！

一名普通教师要成为一名有正确教育思想的优秀教师，一般都要经历以下过程：正确的教育认识→先进的教育观念→牢固的教育理念。认识要转化为观念，必须经过饱含情感的内心体验，否则认识是很难转化为观念的；同理，观念要转化为理念，也必须经历理想化、信仰化的过程，否则是不可能的。

实践证明，要成为一名优秀教师，首先必须有先进的教育观念，进而要有先进的教育理念。

所谓教育观念，是指人们对教育问题的认识和看法。它大到对教育的目的、功能、作用的认识和看法，小到对某一个教育现象、过程、方法的认识和看法。这些认识和看法，不管是系统的、全面的、深层的，还是零碎的、局部的、表面的，我们都把它称为教育观念。教育中的每个问题都存在着观念问题，它通常表现为教育过程中的观点。所以我们可以说，教育观念人人有之。但是，由于每个人在思想认识水平、职业道德水平、经历经验以及是否注重自身素质的提高等方面存在着差异，自然地每个人的教育观念也必定存在着差异。也就是说，教育观念有正确与错误、先进与落后、积极与消极之分。凡是与客观实际相吻合，能促进社会发展和个人发展的教育观念是正确和先进的，反之就是错误和落后的。

观念是指导行动的，一位教师的教育观念正确与否会直接地影响到教育实践的结果。比如，如果你认为“教师讲，学生听”是天经地义、历来如此的，你就很难做到放手让学生自主学习，在课堂上你就很容易满堂灌、注入式教学；如果你认为“做课题研究，写教学论文是教（科）研人员的事，与教师无关”，那么在工作过程中，你就只会停留在备课、上课，找题、做题上，你就不会有意识地去发现教与学中的问题，更不会去分析它、研究它、解决它。所以，教育观念转变这一问题没有解决好，那么教学内容的更新、教学方式的转变、教学手段的变革就很难收到预想的效果。所以，可以这么说，教育观念是教师立教的根基，是教师从教的火把。

教育观念一般产生于教育实践，但也可能来自书本知识和间接经验。所以我们每一位教师都应该勇于实践、努力学习，自觉地摒弃陈旧、落后的教育观念，建立起先进的、科学的现代教育观念体系，并把先进的、科学的教育观念用于指导自己的教育实践，真正做一名符合新时代要求的优秀教师。

以下陈述的几个教育观，有的是本人在教育教学实践中逐步形成的，有的是现代教育教学和课程改革所要求的，是本人所认可的，也是广大教师必须努力去建构与实践的，所以把它们梳理如下，与同行们共享。

价值观——
把教育工作当作事业来做

价值观是人们以自身的需要为尺度对事物重要性进行认知的观念系统。通俗地说，就是人们对什么事物最重要、最有意义、最有价值的看法。价值观作为一种观念系统，对人的思想和行为具有一定的导向或调节作用，使之指向一定的目标或带有一定的倾向性。从微观的角度看，价值观是人的世界观的重要组成部分；从宏观的角度看，价值观是特定社会文化体系的核心。

教育价值观，是指人们对教育的价值关系的认识和评价以及在此基础上所确定的行为取向标准。

教育的价值是什么？教师的价值是什么？怎样的教育价值观才是正确的？这些都是每一位教育工作者必须搞清楚的问题。这些问题搞清楚了,工作才有方向,才有意义,才有幸福感,才有主心骨。否则，工作就会无的放矢，就会做无用功，甚至会做出违反规律、危害社会的事情来。但是，要把这些问题搞清楚是非常不容易的，它需要经过一个很长的时期，甚至一个很痛苦的过程。

一些刚走上教师工作岗位的年轻教师，往往对什么是教育的价值、什么是教师的价值、什么是正确的教育价值观缺乏认知，感觉是朦胧的、模糊的。比如，不知道什么是教育的价值，只知道教育就是培养人才，至于为什么要培养人才，要培养怎样的人才，怎样去培养人才，就不太清楚了。

教育的价值应该体现在以下两个方面：一是教育对社会进步和民族振兴的推动；二是教育对人的生活和自身发展需要的满足。

所以，教师正确的教育价值观应该是努力实现教育的以上两个方面的价值，教师的价值就是体现在“为了中华民族的伟大复兴，为了每一位学生的发展”。更具体点，我认为，作为一名优秀教师要真正体现自己的价值，就是要把自己所从事的教育教学工作当作事业来做。

只有把教育教学工作当作事业来对待，才会有强烈的事业心和崇高的使命感，才会视教育如生命，才会以校为家，才会爱生如子，才会淡泊名利，才会无八小时内外之分，才会无工作日和节假日之分。如果仅仅把从事教育工作当作一种职业，当作一种谋生的手段，你就难以做到全身心地投到工作中去，也就不可能享受到事业追求所具有的那种理想与精神、情感与幸福。我从事教育工作已有 30 余年，如果说 30 余年来有一点进步、有一点成绩的话，那就是自己能够把所从事的教育工作当作事业来做，当作追求来做。我感到，只有这样才能把教育工作作为自己的人生归宿和价值取向，否则，就会当一天和尚撞一天钟，虽然天天忙忙碌碌，但是顶多就是一个教书匠而已。

课堂观——
课堂是学生的，还给他们吧

课堂是什么？按照传统的说法，课堂是教师“传道、授业、解惑”的地方；按照现代的说法，课堂是教师“教书育人”的地方；按照时下的说法，课堂是教师“生命价值体现”的地方。这些说法虽然都没有错，但给人的感觉是，课堂是属于教师的。课堂到底是什么地方？我认为课堂是属于学生的，教师应当把课堂还给学生。

1. 课堂是学生获取“双基”的地方

基础知识、基本技能，简称为“双基”。基础知识是指字、词、句、事实、概念、公式、法则、原理、定理、规律等；基本技能是指倾听、口头表达、朗读、书写、实验操作以及观察、阅读、计算、调查等。

学生掌握知识与技能是发展能力的基础，学生对基础知识理解得越深刻、掌握得越牢固，相应的基本技能越熟练，越有利于能力的发展。教师要十分重视“双基”的教学，特别是那些对学生终身有用的基础知识与基本技能，教师更要下功夫让每一位学生掌握好。教师要指导学生："字"规规矩矩地写，"话"清清楚楚地说，"文"仔仔细细地读，"题"认认真真地做。

学生基础知识与基本技能的掌握是在教师的指导帮助下自己习得的，是主动获取，不是被动接受。教师应该是学生获取"双基"的帮助者、被咨询者，不是包办者、灌输者。学生基础知识的获得与基本技能的掌握，大都是在课堂上完成的。所以，教师应该把课堂还给学生。

2. 课堂是学生自主学习的地方

自主学习，就是在教师的指导帮助下学生自觉地、主动地学习。而且，教师的指导与帮助应贯穿于学生自主学习的整个过程的始终。在教师的指导帮助下，在不背离学习目标的前提下，让学生对学习内容拥有适当的自主选择权；在不误解或曲解课文思想意义的前提下，让学生拥有对文本的自我解读权；在不脱离教学实践的前提下，让学生拥有学习方法的选择权。

在观念上，教师要相信绝大多数学生是会学的，只是方法问题；要相信绝大多数学生是可以学好的，只是时间问题。因此，教师要努力创设有利于学生自主学习的课堂氛围，要给学生足够的自主学习的时间，一节课里，教师的讲解一般不得超过 15 分钟，其余的时间要还给学生自学、思考、讨论与练习。

教会学生自学是教师的基本职责与任务。教师要根据学生学习能力发展的客观进程与规律来培养学生的自学能力。如，江山野先生总结的"五个阶段论"（完全依靠老师阶段、基本依靠老师阶段、相对独立阶段、基本独立阶段、完全独立阶段）。

教师要帮助学生端正自主学习的动机（责任），帮助学生逐步练好一些独立学习的基本功，会使用各种工具书，掌握各学科学习的方法。教师要给学生布置预习的任务、范围、提纲；要教给学生自主学习的方法，如会一边阅读一边分析、一边阅读一边记笔记、一边阅读一边思考。

3. 课堂是学生合作学习的地方

学会合作是一个国家、一个企业、一个人生存与发展的需要。课堂不是教师表演的场所，而是学生学会合作的场所，是师生之间、生生之间交往与互动的场所。课堂教学只有在真正有效的交往与互动中，学生获得的知识才是内化了的，培养的能力才是货真价实的，养成的习惯才是实实在在的。

教师是学生合作学习的组织者，教师要努力创设合作学习的课堂环境，要科学安排合作学习的时间，要教会学生怎样与人合作。合作学习形式不局限于讨论式，合作学习的形式应是多样的，如与教师的合作、与优生的合作、与学困生的合作、与异性同学的合作、与同学习小组同学的合作、与班外同学的合作等。研究表明，小组合作 4 ~ 6 人一组效果最佳（桌子摆开效果最好），要选好小组长，要明确各组员的职责，要开展“兵教兵”。

运用讨论式合作时，要注意：①一定要讲求实效，不搞形式主义，要认真选好讨论题，要认真组织好讨论；②不要什么都拿来讨论，真正做到：需要讨论时才讨论，不需要讨论时就不要讨论；有不同意见时才讨论，没有不同意见时就不要讨论；有真问题才讨论，没有真问题就不讨论。

4. 课堂是学生学会探究的地方

有人说，中国教师把有问题的学生教成没问题，而美国的教师把没有问题的学生教出问题来。这话虽然绝对了些，但是，我们当前的课堂教学，确实存在着只重灌输、不重启发，只重知识、不重能力的倾向，多数学生不会提问题，不会探究问题。著名心理学家张梅玲女士说："没有问题就没有思考，没有思考就没有创新，没有创新就没有发展，没有发展国家就没有希望。"我们必须努力改变这一局面。

课堂是学生学会探究的地方，教师是诱导者。课堂上教师不仅要留出时间让学生探究，还要指导学生学会探究。教师在备课时要以问题为中心来精心设计教学，要确定恰当的供学生探究的问题和目标，要创设良好的探究学习的课堂环境。教师的作用重在组织、指导、适时参与。

课堂上教师还要鼓励学生不仅敢于质疑，做到不迷信、不守旧、不唯书、不唯上，敢于发表自己的见解，敢于打破砂锅问到底，还要善于质疑，善于发现问题，善于从无疑处生疑。从而不断地培养学生发现问题、提出问题、探究问题、解决问题的能力。

5. 课堂是学生个性发挥的地方

个性，就是一个人的独立性、独特性和不可替代性或不可复制性。就是说，学生之间是有差异的，教师要把学生的这种个性差异当作一种资源来开发，而不是累赘。

教师是学生个性发挥的促进者。但是，许多课堂上，教师一言堂，教学齐步走、一刀切，教学目标单一，教学层次不分，往往好生吃不饱，学困生吃不了，教学没有针对性，根本谈不上个性的发挥。

所以，课堂上师生要真正平等，教学要真正民主，要真正让学生在课堂上感到轻松、自由、毫无压力、毫无顾忌，真正敢想敢说敢为。

教师要爱护和培育学生的好奇心，要像对待学生的生命一样珍惜学生的好奇、兴趣、专注等个性品质，哪怕学生提出的问题是多么幼稚、可笑，教师都不能讽刺、挖苦。

要养成学生独立思考的良好习惯，鼓励学生任何时候都要敢于发表意见，敢于质疑问难，敢于追根究底，敢于对书本和权威讲的提出不同的看法。

只有做到以上几点，学生的个性才能在课堂上真正得到发挥。

6. 课堂是学生体验成功的地方

每个学生都有生存与表现的欲望，每个学生都有体验成功的愿望，每个学生都有实现成功的可能，教师要坚信这一点。

教师是学生体验成功的创造者。课堂上教师要努力创造平等、和谐、宽松的课堂气氛，让学生有充分表现自己的时间和机会。教师要根据学生的最近发展区来组织教学，每节课都要留出一定时间，让学生特别是学困生有提出问题、交流体会、发表意见、独立演练的机会，至少有在小组里充分表现自己的机会。教师要让每一名学生都能在课堂上体验到成功，让每一名学生都能树立自信，产生快乐。

课堂上教师还要做到“三多”“三少”，多微笑、多表扬、多鼓励，少生气、少批评、少斥责，不要体罚和变相体罚学生。

教改实验表明，小组互助学习能为每一名学生在课堂上提供更多的体验成功的机会。

7. 课堂是学生习惯养成的地方

习惯是人在长期训练和实践中形成的自动化的行为方式。任何人身上都是好习惯与坏习惯并存。实践证明，习惯是可以改变的，好习惯是可以培养的，坏习惯是可以克服的。教育是什么？教育就是培养好习惯！课堂是培养学生良好习惯的最佳场所，教师是学生良好习惯养成的塑造者。

要培养学生做人方面的习惯（或称道德习惯）、生活方面的习惯、学习方面的习惯、智能方面的习惯（或称智慧性习惯）、非智能方面的习惯（或称非智慧性习惯）。

培养好习惯要做到：抓关键期，事半功倍；了解学生，制定计划；循序渐进，控制时空；细化要求，认真考评；以身作则，树立榜样；利用经典故事，潜移默化；抓住苗头，排除干扰；讲究艺术，讲求实效。（详见本书“教育研究”篇）

8. 课堂是学生兴趣培养的地方

就学习而言，兴趣是最好的老师。兴趣可以激励学习的积极性与主动性，提高学习的效率。实践证明，在兴趣浓厚的情况下，注意力最集中，接受新知识最容易，记忆东西最牢固，思维最活跃、最敏捷。兴趣是可以培养和发展的，教师是学生兴趣的培养者。

课堂上培养学生学习兴趣可以从以下几个方面入手：明确意义，培养兴趣；发挥优势，引导兴趣；好奇求知，激发兴趣；动手操作，产生兴趣；应用知识，增强兴趣。

要做到以上几点，教师就要十分认真地备好每一节课，要深入地了解每一名学生的情况，特别是那些对你所教学科没有兴趣的学生的情况，要做到心中有数，采取有针对性的方法激发和培养他们学习的兴趣。

9. 课堂是学生情感交流的地方

情感不仅指学习兴趣、学习热情、学习动机，而且指内心体验和心灵世界的丰富。课堂教学不仅是知识的传授、能力的培养，更是师生之间、生生之间情感的交流。

老师的一桶水、小溪水、自来水、大海水仅是知识交流的前提，更重要的是要特别注意师生情感的交流，教师要做学生情感的激发者。教学过程中教师要用富有激情的、感情的或风趣的语言，形象的比喻，简单的幽默，有悬念的问题等对课文内容进行生动、形象的描绘，使学生产生想象性的故事情境、景物情境或问题情境，使学生如临其境，如见其人，如闻其声，受到情绪的感染，引起情感上的共鸣，从而激起学习的悬念和思考，激起学习的内在动力，提高学习的效率。教师还可用恰当的面部表情、眼神、手势等和每一名学生进行多次交流，使学生们感受到老师的关爱之情、关注之心。

情感、态度、价值观必须有机地渗透到课堂教学之中去，不要把它们和基础知识，基本技能教学以及过程、方法教学割裂开来，要有意识地把“三维”目标[①]贯穿于教学过程之中，使之成为课程教学内容的血肉，成为教学过程的灵魂。

10. 课堂是学生学会做人的地方

课堂不是教师空洞说教的地方，而是学生学会做人的地方。“传道”是教师的第一职责，教师首先是一个教育者，然后才是一个学科教师。所以，在做人方面，教师要言传身教，要做引导者、指路人，要用自己的人格魅力潜移默化地影响学生成长。

学科教师要寓德育于学科教学之中，要充分挖掘学科教材的德育功能。

三流教师让学生获得知识，二流教师让学生拥有知识，一流教师让学生感悟做人道理。教师要尽可能多地上出能让学生终生难忘的课。

① “三维”目标，即知识与技能、过程与方法和情感态度价值观。

评课观——重要的是看学生是怎样学的

课堂教学评价，简称评课。评课不仅能体现教师的基本素质，更是评课者教学思想的反映。传统的评课，主要看教师讲得如何，以对教师的教学行为评价为中心，有以下两个方面的误区：

一是追求评课标准的量化。评课标准面面俱到，包括教学目标的确定、教学思想的体现、教材重难点的把握、教学过程的组织安排、教学基本功的表现、教学方式方法的选择、教学时间的把握、教学手段的运用、教学效果的好坏等，非常全面具体，条条框框很多。尤其是一些评优课或考评课，评价的标准少则八条、十条，多则十几条、几十条。评价者依据评价表逐项评分，得出一个量化的结论。这样的评价导致教师在课堂上不得不顾及方方面面，唯恐课上得不完备，会有遗漏，无法进行开放式教学。这样的课堂教学评价，说严重点，它抹杀了教师的个性，压抑了教师的创造性，无法使课改的新理念在课堂教学中得以实施。而且，这种评价方法，缺少与教师的对话与交流，忽视了被评价者的心理需要，让教师没有解释与申辩的机会，没有学习与发展的机会。

二是只关注教师教得如何。无论是管理者听课，还是一般教师听课，大家都习惯于那种教师基本功扎实、师生对答如流、教学结构严谨、准时下课不拖堂的课，习惯于那种师生配合默契、节奏感强、天衣无缝、完美无缺的课。要是有哪位教师在有人听课时放手让学生自学、讨论、演示、做游戏、动手操作，就有可能会被认为是结构不严谨、组织不严密等；要是有哪位教师在有人听课时因为学生的讨论或争论而造成不能按时完成教学任务或拖堂，就有可能受到“精心安排不够”的指责；要是有哪位教师在有人听课时让学生自己做笔记而板书很少，或条理性不够强、布局不够合理，就有可能被说成是教师基本功不过关：要是在公开课或评优课出现以上情况，将被严重扣分或被取消评优资格。受这种传统的、习惯的评价观念的影响，课不可能被评出什么新意来。当然，新课程改革以来，这种现象有所好转，但是，还没有根本性改变。

由于存在以上的误区，导致课堂教学评价成了对教师个人的教学行为和教师自身素质的评判与甄别，忽视了课堂教学评价的本质，势必影响教师的专业发展和学生素质的全面发展。

新课程倡导课堂教学评价不仅要关注教与学的结果，更要关注教与学的过程；不仅要关注教与学的共性，更要关注教与学的个性；不仅要关注学生学业成绩，更要关注学生一般意义上的成长；不只是为了甄别教师专业水平，更重要的是为了促进教师的专业发展和学生的持续发展。

因此，如何来评价一堂课，不仅关系新课程改革的方向问题，也是课堂教学评价必须突破的重要问题。是以学生的发展为本，还是追求教学环节的天衣无缝、教学艺术的完美无缺，反映了两种完全不同的教育观念。有些课，虽然听课者感到很舒服、很精彩，但学生是在往教师课前设计好的框框里钻，是在配合教师完成教学任务，实际上是被动地在接受，主动性、积极性并没有真正调动起来，主体地位并没有真正确立起来，因为课堂上的每一个教学环节、每一个步骤都是教师事先精心安排好的。而有的课表面上看来不那么轰轰烈烈，教学环节不那么紧凑，教师也没有精彩的讲解，但是学生思维活跃，提出的问题多，充分地参与讨论，参与问题解决，积极性真正被调动起来了，主体地位被真正确立起来了。这种课我们不但不能说它是不成功的课，而且应该说它是有新意的课。这种课长期坚持上下去，学生的学习能力、思维能力、创新能力就培养起来了。

所以，评价课堂教学，我们不应该求全责备、吹毛求疵、指这责那，也不应该看表面的、形式上的轰轰烈烈，而应该看这堂课是否有新意，是否符合学生实际，是否体现以学生为主体，是否以学生发展为本，是否有新思想、新观念、新方法、新信息、新内容进入课堂。一句话，评价一堂课的优劣，重要的不是看老师是怎么教的，而是看学生是怎么学的。

另外，要建立起领导、教师、学生、同行、专家、家长共同参与的有效的课堂教学评价体系，从不同侧面、不同角度，多渠道获取教师教学信息和资料，帮助教师更全面、客观、科学地了解自己教学工作的不足，不断提高教师教学水平，不断促进教师专业发展。

绩效观——
不要以“分”以“率”论英雄

在我国，长期以来，许多领导、家长及群众（甚至包括有的教师）习惯以学生考试分数的高低和升学率的高低来评价一所学校办学效益的高低、一位老师教学水平的高低、一名学生学习成绩好坏，并认为这才是硬件，才是看得见摸得着的。所以，以“分”以“率”论英雄成为一种普遍现象，势必造成“分、分、分就是师生的命根，考、考、考就是校长老师的法宝”的观念在一些地方愈演愈烈。传统观念的影响，社会家长的压力，领导者的急功近利，造就了一批“应试教育”的校长、老师、家长和学生。

传统的以“分”以“率”来评价教师的绩效，从某种程度上说，极大地遏制了教师开展教学改革与实践的积极性，抹杀了教师的教育智慧，束缚了教师的教学改革思想，在“分数”和“升学率”面前，他们抬不起头来走路，他们无法迈开实施素质教育、课程改革的步子。因为他们随时都在担心学生成绩上不去领导会批评，家长会埋怨，绩效工资会被扣，甚至担心会被调离条件好的、熟悉的学校。为了这些，许多老师只好违心地搞“加班加点”，搞“题海战术”，不仅牺牲了教师自身应有的休息时间，甚至牺牲了家庭的幸福与快乐，还残酷地剥夺了本该属于学生自己的时间与快乐。至于素质教育、课程改革、教学改革、教育科研、教学艺术等，只好靠边站了。分数与升学率把许多老师和学生压得喘不过气来，个别的甚至为此付出了生命！

教学工作是一位教师教学态度、教学思想、教学能力水平、教学艺术的综合体现，这几方面缺一不可。再加上学校的条件不同、生源基础不一样、领导管理水平的差异，因此，它是不能简单地用学生的考试分数来单一衡量的。评价教师的教学工作，必须从德、能、勤、绩、研等几方面全面地进行综合评价，还要考虑到生源基础、办学条件等，甚至还要考虑教师在培养学生过程中所承担的大量隐性工作，以及一些不能量化或不易量化的因素。例如，对于“师德”这一评价指标，应该怎样设计具体合理的量化指标呢？

作为教师，大多数是有强烈的自尊心和进取精神的，对这样一个特殊的群体，在评价其工作绩效时，还应体现出对他们个性的理解和尊重。因为教师工作是相当独立的个体劳动，每位老师都有自己的阅历经验与个性、特长，是很难用一把尺子去衡量的。特别是他们所面对的对象是一群活生生的、千差万别的学生，所采取的教育教学方法理应是有差异的。所以教师工作必须有相对的自主性、独立性，只有这样才有教师工作的创造性。如果单纯地用“分”、用“率”去束缚他们，培养出来的人才也只能是死记硬背、循规蹈矩的人，不可能有什么创造性。

当前，一些地方构建了“发展性教师评价”体系，这是值得借鉴的。如，在评价内容上强调全面性，不再局限于学生考试成绩的考评，而是强调通过多种方法、多种渠道，收集各方面的信息，强调在对教师工作的各个方面进行深入调查了解的基础上做出整体的、客观的判断。这种评价不仅仅是对教师素质或工作的某一侧面进行的单项评价，也包括对教师整体素质与表现所进行的综合评价。它既考评教师的教学情况，也考评教师的职业道德；既考评教师教育教学的效果，也考评教师的教育教学思想行为以及教学方法；既考评教师工作职责的履行情况，也考评教师的进步状况和未来规划；既考评教师过去的工作表现，也注重教师的未来发展。

"发展性教师评价"以教师的专业成长与发展为其根本的价值导向，把教师评价由注重学生考试成绩转移到全面提高教师素质的轨道上，将为教师创造一个宽松的发展环境，促进教师专业成长，为推进新课程改革提供坚强的智力保障。

学生观——
学生是需要信任与尊重的

长期以来我国的教育传统是把教师放在中心位置，把学生视作被动地接受教育的对象，总认为，“一日为师，终身为父”，“教师讲，学生听”是天经地义的，看不到学生的主观能动性，也不注意培养学生的主动精神和独立能力。人们总是认为听老师的话、考试能得高分的就是好学生，这种传统的学生观不仅不能适应时代的要求，甚至还会造成师生关系的不民主、不和谐，造成学生独特个性的丧失。所以我们必须摈弃传统落后的学生观，树立起现代先进的学生观。

（一）学生是具有主观能动性的社会人，教师要充分发挥这种主观能动性

学生是学习活动的承担者，所以，学生理应是学习的主体，是学习的主人，他们在一切学习活动中，在老师的帮助下，是能够表现出他们自身的主观能动性和独特的个性的。教学就是要充

分发挥学生的这种主观能动性。

教师要对每一名学生充满信心，要相信每个学生都有学习的愿望与潜能，要相信每个学生在教师的指导帮助下都能学好，人人都能成才，人人都是人才；在行为上，教师要对每个学生负责，要引导、帮助、服务于学生，不让一个学生掉队；对学习困难生的帮助要持之以恒，要不断寻找他们的优点和长处，鼓励他们取长补短，调动其内在心理机制，变外动力为内驱力，最终靠自己求得发展。

教师要唤醒学生的主体意识。要告诉学生无论是知识经验的获得，还是智力、能力的发展，无论是情感意志的培养，还是思想品德的形成、体质的增强，都必须通过学生自己的积极思考和实践行动，教师是无法替代的。教师要把学习的责任交给学生，要让学生明白不要依赖老师来学习，自己要做学习的主人。

教师要掌握学生身心发展的规律，熟悉不同年龄阶段学生身心发展的特点，依据学生身心发展的规律和特点开展有效的课堂教学活动，使学生真正成为课堂学习的主人，保护学生学习的主体性，指导学生自己读书，自己感受事物，自己观察、分析、思考问题，解决问题。

（二）师生之间人格上是平等的，教师要尊重学生的人格，把学生当朋友看待

师生之间虽然在年龄、认识水平、知识技能水平和生活经验水平上存在差异，但人格上是平等的，每个学生的感觉和情感世界与教师是一样的，所以说，尊重学生的人格是师德的核心。

学校和教师既要保护学生的合法权利，也要引导学生学会对学习、对生活、对自己、对他人负责，学会承担责任；师生之间要真诚、坦率，相互尊重，排除不友好、不真诚和相互猜疑，教师要真正把学生当作朋友看待，当自己的孩子看待，不仅课内要关心学生，课外也要关心学生。

教学过程中，教师要废除教学中的权威主义、命令主义，消除学生的恐惧感。要坚持教学民主，真正把教学看成师生平等相待、互相协作、共同努力、共同探索的过程，使学生感到自己真正是学习的主人，自己有平等的权利，因而自己要承担起义务，负起责任来，要把书读好，把本领学到手，将来更好地为社会、为国家做出贡献。

（三）建立新型的师生关系，教师要努力做到以下“不”和“要”

教师需要努力做到：不居高临下摆架子，不体罚或变相体罚学生，不打骂侮辱学生，不板着脸孔看待学生，不大声训斥学生，不嘲笑讽刺学生，不随意当众批评学生，不随意打断学生的发言，不歧视智力发育迟缓的学生，不歧视学业成绩不良的学生，不歧视有过错或有缺点的学生，不歧视和自己意见不一致的学生，不把学生成绩排队点名公布，不让不会回答问题的学生长时间站立。要让学生的学业成绩成为“隐私”，要用友好微笑的面孔对待学生，要多用表扬、赞美、委婉的语言鼓励学生，要让不会回答问题的学生自由体面地坐下；要赞赏每一名学生的独特性、兴趣、爱好、专长，要赞赏每一名学生所取得的哪怕是极其微小的成绩与进步，要赞赏每一名学生对教师或教科书的质疑与超越；要鼓励每一名学生树立“我能行”的自信心，要鼓励每一名学生的探索性和自主性的学习行为，要鼓励每一名学生的“冒昧”质疑和批判，要鼓励每一名学生在某些方面的“冒尖”与“落后”。

教学观——
为了不需要教而教

传统教学很简单——讲授，讲得越多、讲得越细越好。因此，许多教师在课堂上只要一支粉笔加上一张嘴巴，十八般武艺全是教师的讲解。有的年轻教师中气足，声音大，往往一堂课45（40）分钟全讲完后，还不够“解馋”，拖堂再讲，哪怕3分钟、5分钟也好。有的年轻教师还为自己的这种行为感到骄傲、满足，觉得自己可以滔滔不绝地讲45（40）分钟，说明自己中气足、讲功好、水平高。实际上是自己的教学观出了问题。

传统落后的教学观认为：我教你学，我讲你听，我问你答，我念你记，我写你抄，我给你收，自古以来如此，天经地义，无可厚非。其具体表现是：只重教师作用，不重学生作用；只重讲解灌输，不重启发诱导；只重考试训练，不重学法指导；只重传授知识，不重能力培养；只重统一要求，不重个性特长。所以，在整个教学过程中，以教师为中心，教师主宰一切，教师的讲授贯穿始终，学生成为被动接受知识的容器。

现代教学观认为，教学应以学生的学为主，教师教是为了帮助学生的学，教师的教是为了不需要教。教师在课堂上所做的一切努力，都要归结到一个目的，就是要使学生愿意学，喜欢学，知道学，离开教也能学。具体主张做到以下转变：

从“双基”目标向三维目标转变；从知识传授向知识探究感悟转变；从专制式教学向民主式教学转变；从单向式教学向参与式教学转变；从静态式教学向动态式教学转变；从封闭式灌输向交往与对话转变；从模式化教学向个性化教学转变；从单一课本知识向生活知识转变；从教学生学向教学生自己学转变；从强调学习结果向强调学习过程转变；从注重外在变化向注重内在变化转变；从封闭教学形式向开放教学形式转变；从强调预设与封闭向开放与生成转变。

因此，在课堂教学改革中，我们要用发展变化的、全面的眼光来看待学生，对每一名学生负责，一切从实际情况出发，立足于以学生为学习的主体，着眼于调动学生学习的积极性和主动性，多给学生动眼、动笔、动口、动手、动脑的机会，鼓励学生勇于提问、敢于质疑、善于思考。教师要教给学生学习方法，培养学生自学能力，不要包办代替。教学要有的放矢、因材施教，教法要生动灵活、多种多样，重点突出、难点分散，启发诱导，不满堂灌、不注入式，使学生学得活泼、学得主动。教师要千方百计地创造条件，在课堂教学中努力做到：凡是学生看得懂的要留出时间让学生动眼去看，教师不教；凡是学生讲得出来的要留出时间让学生动嘴去讲，教师不说；凡是学生想得出来的要留出时间让学生动脑去想，教师不启发；凡是学生议得出来的要留出时间让学生动口去议，教师不包办；凡是学生写得出来的要留出时间让学生动笔去写，教师不示范；凡是学生做得出来的要留出时间让学生动手去做，教师不演示。只有这样，才是真正做到了“把教学的侧重点放在学生的学上”。

教 育 研 究

优秀教师形成风格的关键之路

教育是一门科学，是科学就必须去探索与研究；教育又是一门艺术，是艺术就必须去锤炼与总结。优秀教师绝不是一名教书匠，他必须是一位教育教学研究者，他必须是一位教育教学艺术家。有些老师教了一辈子书，和学生打了一辈子交道，但是，不能成为一位优秀的教师，其中一个重要的原因，就是平时不善于研究和总结。如果一位老师没有研究的意识，没有不断总结、不断反思的意识，他就不可能成为真正意义上的优秀教师。苏霍姆林斯基说：“研究工作对教师来说，并不是什么神秘莫测和高不可攀的东西。不要一提到研究就感到害怕。就其本来的基础来说，教师的劳动就是一种真正的创造性劳动，它是很接近于科学研究的。”“如果你想让教师的劳动能够给教师一些乐趣，使天天上课不致变成一种单调乏味的义务，那你就应当引导每一位教师走上从事一些研究的这条幸福的道路上来。”“凡是感到自己是一个研究者的教师，则最有可能变成教育工作的能手。”当然，一线教师的研究方法主要是以“行动研究”“校本研究”和“叙事研究”为主。

参加工作以后，由于有领导的关心，同事的支持，我在教育研究方面应该说意识比较强，起步比较早。二十几年来，我承担了两个全国性的课题研究，主持了两个省级重点课题研究，对如何备课、如何观课、如何评课、如何提高课堂教学有效性、如何进行学法指导、如何培养学生好习惯、如何实施创新教学等方面，进行了比较深入的研究与总结，撰写了几十篇教育教学论文，出版了20余本著作（含合著），在教育研究这条幸福之路上尝到了一些甜头。

教学常规——落实三个“十二条”

没有规矩不成方圆。教学教研常规是学科教师在日常教学工作中必须遵循的规范要求。教学教研常规规定和制约着教师的教学行为，它是教师提高教学质量的基本保证。教学教研常规有利于教师的专业发展和课堂教学改革。教学教研常规中隐藏着先进的教学思想、教学观念、教学规律。

（一）课前备课常规（12条）

集体备课做到：

1. 精深解读教材。对教材地位作用、结构体系、重点难点、思想方法的解读要深入。

2. 精准确定目标。要根据学情精准确定教学目标以及教学重难点、关键点与注意点。

3. 精选教学内容。要依据课标教材学情精选适当的教学内容，立足中等、兼顾两头。

4. 精心处理关系。要处理好课本与教辅教学案的关系，立足吃透课本，适当为学优生拓展。

5. 精取课外资源。对课外资源进行合理的取舍与整合，将教材内容变成教学内容。

6. 精挑例题习题。习题要少、精、活，难易适中，分量适度，分层要求，培养能力。

个人备课做到：

1. 精准分析学情。要深入地了解学生，精准掌握学情，做到目中有人，使教学有的放矢。

2. 精设教学过程。要科学设计教学结构，精心安排教学程序，有序组织好讲、读、议、练、做、评、结。

3. 精选教学方法。要依据教材特点、学生实际和教师自身风格来选择教法，重视学法指导。

4. 精要教学提示。学生自学、思考、讨论、练习、展示与实操时，教师应有必要的提示与指导。

5. 精排教学时间。切忌前松后紧，切实把握最佳时间、珍惜黄金时刻，精打细算每一分钟。

6. 精择教学手段。力求简单、朴实、实用，不依赖多媒体课件，不以“机灌”代替“人灌”。

（二）课堂教学常规（12 条）

1. 布置学生课前预习任务时要求应具体、明确、分层次，要以多种形式检查预习效果。

2. 课前 2 ~ 3 分钟进教室，督促学生做好上新课的知识准备、学习用品及心理准备。

3. 教学目标十分具体，教学要求十分明确，能自始至终依据目标实施教学与评价。

4. 合理安排时间，珍惜黄金时刻。作业讲评、复习引入、明确目标不超过 5 分钟。

5. 每节课应依据教学重难点与学情，精心设计若干个问题，并围绕问题组织教学。

6. 营造民主、互动、开放的课堂氛围，鼓励学生善于阅读、勤于思考、勇于表达。

7. 教师讲授时间不超过 15 分钟，要做到少讲精讲，只讲学生经过努力后不会的。

8. 教态大方、亲切、自然，语言准确、简练、幽默，富有启发性、趣味性、逻辑性。

9. 实行启发式、讨论式、探究式、练习式教学，面向全体，兼顾个体，因材施教。

10. 精心预设（生成）讨论题 1 ～ 2 个，精心组织有效的讨论，讨论完要及时小结。

11. 当堂检测题要精挑，检测时间不得少于 10 分钟，检测结束时要及时进行讲评。

12. 课后在教案本上写上几句话，简要说明这节课成功在何处、不足在何处、遗憾在何处。

（三）课堂学习常规（12 条）

1. 做好上课准备：预备铃响（课前 3 分钟）必须进入教室，

一是迅速安静下来，将本节课所用课本、笔记本、练习本及学习用具有序地摆放在课桌上；二是迅速地回顾上节课学过的内容与本节课预习过的内容。

2. 上课坐姿端正：双脚自然放在课桌下面，不要伸出课桌外；双手自然放于双膝或课桌上，不伏在课桌上，不东倒西歪，不玩笔或其他东西，不托腮；双目注视教师、黑板等，不东张西望，不交头接耳。写字、读书姿势：手离笔尖一寸，胸离课桌一拳，眼离书本一尺。读文科书双手捧书；读理科书右手握笔。

3. 上课时要做到：专心听讲，仔细观察，积极思考，大胆发言，适当笔记，勤于动手。“六个到”：耳到、眼到、脑到、口到、笔到、手到。“四个一边”：一边听讲一边思考，一边阅读一边思考，一边解题一边思考，一边操作一边思考。

4. 小组互助学习时：要积极参与小组活动，不袖手旁观，不滥竽充数，不坐享其成；讨论问题时既要大胆主动地发表自己的见解，又要尊重他人，善于倾听他人发言，让人把话说完，不要随意打断别人的发言；同伴遇到问题需要请教时，要乐于帮助，耐心讲解或启发；课堂讨论要围绕主题，轻声细语，不妨碍别人。

5. 坚持先预习后听课：充分利用教学案等辅助资料，做好课前预习，以提高听课效率。预习做到：粗读新教材，了解新内容；用好工具书，扫除生字词；复习旧知识，弥补旧缺漏；把握新重点，找出新难点；提出新问题，探究新发现；选做练习题，尝试做笔记。

6. 坚持先复习后作业：做作业前先把眼睛闭上，把书本盖上，把笔记本也盖上，过电影似的把当天学过的知识在脑子里过一遍。若有遗忘，该看的再看一遍，该背的先背下来，该理解的先理解透，再将作业中要涉及的知识点复习一遍，把这些知识都融入大脑，然后动笔做作业。

7. 坚持先审题后答题：答题之前先审题，弄清已知和未知，寻找思路与策略，分析综合加联想。独立思考认真做，规范答题细检查，多种方法寻简便，遇到难题不畏惧。作业完成及时交，作业发回及时看，错误问题及时纠，总结规律保存好。

8. 坚持先独思后请教：当学习上遇到困难时，不要马上就问老师或同学，而应在自己充分独立思考的基础上再寻求别人的帮助。请教别人时不要只问答案，而是要与人共同探讨解决问题的思路与方法。

9. 努力做到“周周清”：充分利用周末的有关时间，对一周学习内容进行回顾和整理，形成知识网络。必须对一周以来所整理的“错题订正”“经典题目集锦”“课堂学习笔记”“疑难问题解答卡”等进行复习浏览，绝不放过一个问题，真正做到“周周清”。

10. 重视、做好单元小结：（1）单元小结的做法与要求：全面回顾知识，把握重点难点；弄清知识结构，突出内在联系；归纳习题类型，探求解题规律。（2）单元小结应注意的问题：先回忆后看书；先看题后做题；先复习后笔记；先小结后小测。

11. 不断提高学习能力：学会静心阅读课本；学会主动探究新知；学会讨论解决疑点；学会分析思考问题；学会恰当表达见解；学会独立完成作业；学会寻找揭示规律；学会归纳概括结论；自己构建知识结构；自己总结学习方法。

12. 主动融入学习型课堂：要在老师的指导下，了解开展“学习型课堂”的必要性，理解“学习型课堂”的理论依据，知道开展“学习型课堂”的具体目标、内容、方法与要求，掌握“学习型课堂”的一般模式，吃透“学习型课堂”的精神实质，不鹦鹉学舌、邯郸学步。

课前备课——努力做到“六个有”

备课，顾名思义就是教师在上课之前所做的各项准备工作。它是教师职业中最习以为常的，然而又是最为重要的工作。

古人早就说过“凡事预则立，不预则废”。也就是说，人们要做好任何一件事情，都要预先有准备，有了准备，则可以获得成功；没有准备，则会遭受失败。同样的道理，我们学科教师要想取得良好的教学效果，课前必须认真做好准备。

教学是一门科学，也是一门艺术，教学的对象又是千变万化的、活生生的人，要在有限的时间内完成一定的教学任务，要把教材中的知识变成学生的财富，要使学生能够喜欢你所上的课，会把知识转化为能力，并能得到情感的熏陶，这里面大有文章可做。只有在上课之前做认真的准备，进行精心的安排和周密的计划，课堂教学效率才会高。如果教学无准备或准备不好，教学工作就会有很大的盲目性和随意性，提高教学质量将成为一句空话。因此，在既定的教师水平、学生基础和教材内容的条件下，教师能否认真备好课，是能否上好课的前提与保证。一个从来不知道什么叫备课的人，当然不可能成为一名教师；而一个从来不愿认真备课的教师，当然也不可能成为一名优秀的教师。我国著名特级教师斯霞说："要上好课，首先要备好课，我常常把备课比作指挥员在组织'战役'，我总是反复推敲，直到自己认为比较满意的设计方案为止。"特级教师张子锷说："我教中学物理五十年了，同教三个班，课已讲了一百五十遍了，但是到最后一遍，不备课我还是不敢上课。"因此，我们每位教师，特别是青年教师要充分认识备课的重要意义，不能把备课看作可有可无的事情，更不能不备课就上讲台。

（一）备课的种类

1. 学期备课（或叫整体性备课）

学期备课是指对一个学期的教学内容作一个整体安排，使教学工作能有计划、有目的地进行。学期备课，主要是制订好学期教学计划。

学期教学计划一般应在学期开始前制订好，最迟也应在开学一周内完成。教师在寒暑假期间就应开始对学期教学计划做准备工作，如钻研课程标准、通读教材、了解学生情况及学校的具体条件等。不要等到开学初才匆忙准备，因为开学初工作特别多，会影响教学计划制定的质量。学期教学计划的内容，一般包括以下几个方面：

（1）对学生情况的简要分析

如班级、学生人数、男女生比例、原学习成绩分布以及学风情况等（必要时要对上学期期终考试试卷进行全面分析），特别对学习成绩较差的学生要做详细分析。若是起始年段，还应分析学生的来源情况。

（2）对教材的简要分析

要通过通读全册教材和教学参考资料，掌握本学期所要教学的教材内容有哪些，其地位与作用如何，教材的重点是什么，难点是什么，教材的编写意图是什么，各单元教材之间有何联系，等等。

（3）明确本学期教学总任务及目的与要求

如“双基”教学要达到哪些目的与要求，“智能”培养要达到哪些目的与要求，思想品德教育要达到哪些目的与要求。

（4）提出提高教学质量的主要措施

提出备课、上课、改作业、辅导、考查学生学业成绩等有哪些措施，在帮助优秀生更上一层楼、帮助学习困难生上新台阶方面有哪些打算，等等。

（5）进行教学课时数的分配及进度安排

全学期授课时数、复习考试时数及进度，要根据课标和教师用书的总体安排，结合学生实际进行恰当的分配处理，并排出进度表。进度表内容应包含周次、教学日期、课时数、教学内容安排、备注等栏目。（见附录一）

（6）其他

如新学期准备开展哪些教学专题研究与教改项目实验，学科课外兴趣小组活动与学科竞赛活动如何开展，等等。

2. 单元备课

单元备课指的是对各册教材中一章（大单元）、一节（小单元）或一组课文教学的阶段安排。单元备课主要是制订好单元教学计划。

各科教材都是根据本学科教学内容的特点，由若干个单元（或课题）所组成的。教师拟出学期教学计划后，在单元教学之前还要认真研读教材，寻找共性与个性，制订好单元教学计划。单元教学计划应包含本章节教学的主要内容、教学目的与要求、教材的重难点及教学注意点、采用的教学方式与方法、教学手段使用、教学时数的安排等。（见附录二）

无论哪种教学计划的制订都要遵循如下几点：①法规性。就是要符合课标要求；②科学性。就是要符合教材要求；③针对性。就是要符合学校与学生实际情况；④可行性。就是要可操作、可检查；⑤创造性。就是不千篇一律，不照搬照抄。

根据以上要求，教学计划制订完备后，还要送交学校教导（务）处或教研组审查批准以后才能执行。在执行过程中需要对计划做必要的调整时，也应向学校教导（务）处或教研组汇报，教师个人不得擅自变更教学计划。一个阶段、一个学期结束时，要对教学计划执行情况进行对照检查，总结得失，以利于今后教学及计划的制订。

附录一：学期教学进度表一般格式

______学年度 第___学期 _____学科 ___年级 科任____

周次	日期	教学内容及课时数	备注

附录二：单元教学计划一般格式

______学年度 第___学期 _____学科 ___年级 科任____

单元名称		备注
教学时间		
教学目标		
教学重点		
教学难点		
教学关键		
教学方法		
教学手段		
课时划分		

3. 课时备课

课时备课就是以课时为单位，设计出具体的教学方案。我们知道，单元的、学期的教学任务，要靠每一个课时计划逐一落实。所以课时备课的好与坏，直接影响全单元和全学期教学任务完成的好与坏。怎样才能备好课呢?

（二）备好课要做到“六个有”

1. 学习课程标准，做到心中有“标”

国家制定的课程标准是教材编写、课堂教学、评估和考试命题的依据，是国家管理和评价课程的基础。它体现国家对不同阶段的学生在知识与技能、过程与方法、情感态度与价值观等方面的基本要求，规定各门课程的性质、目标、内容框架，提出教学建议和评价建议。

但是，课程标准是教材、教学和评价的基本依据，并不等于课程标准是对教材、教学和评价方方面面的具体规定。课程标准对某方面或某领域基本素质要求的规定，主要体现在课程标准中所确定的课程目标和课程内容。因此，课程标准的指导作用主要体现在它规定了各科教材、教学所要实现的课程目标和各科教材、教学中所要学习的课程内容，规定了评价哪些基本素质以及评价的基本标准。但对教材编制、教学设计和评价过程中的具体问题（如教材编写体系、教学顺序安排及课时分配、评价的具体方法等），则不做硬性的规定，需要教师去研究、去发挥。

既然课程标准是规范教学工作的带有指导性的文件，是进行教学的基本依据，那么无论是哪门学科、哪个年级的教师，在备课时都必须认真地、反复地学习好课程标准，从而明确教学的性质与任务，理解教学的目标与要求，了解教学的内容与编排，认识所教内容的地位与作用，把握教学中应注意的问题，真正做到“心中有‘标’，胸有全局”，从更高的角度来理解教材。

可以在备课笔记本的第一页，摘抄下课程标准中规定的所任教年级的教学目标要求。

2. 钻研教材内容，做到腹中有“本”

（1）钻研教材的意义

广义的教材泛指教学所用的一切资源与材料，包括课程标准、教师用书、教科书（亦称课本）、讲义、讲授提纲、导学提纲、教学参考书、实验手册、练习册、课外习题集、课外读物以及教学挂图、卡片、幻灯片、投影片、录音带、录像带、网络资源等；狭义的教材即指教科书。

教材是根据课程标准，由专家和有丰富经验的一线教师编写的，供教师和学生阅读的最重要的材料。钻研教材是整个备课工作的主体部分，所以教师在备课时务必认真地钻研教材、吃透教材，做到对教材内容融会贯通、了如指掌，主要内容记得牢、讲得出、讲得准、讲得活。有的教师课上不好，往往就出在对教材的认识太肤浅，所以上起课来摆脱不了教材的束缚，眼光被教材所牵制，思想被教材所禁锢，成为教材的俘虏，有的甚至处处捉襟见肘，时时穷于应付。

（2）钻研教材的步骤与要求

① 浏览全套教材

就是要从整体入手，通览全套教材。首先，从整体入手，就是要循着编者的思路，依据编者的思想，来学习研究教材。这样容易把握教材的基本思想，认识教材的基本面貌特征。其次，在了解了教材基本面貌的基础上，对所教教材在全套教材中的地位和作用会认识得更清楚、更明白。再次，认识教材各部分的内在逻辑联系和知识联系，教学时能前后呼应，有的放矢。

具体做法，就是要对所教学科的全套教材进行粗读，浏览一遍教材的主要内容，了解全套教材共有几册、几章，分布在哪些年级学习，这些内容之间有什么关系，从而从整体上了解全套教材的概貌，把握整个教材的结构体系。这样就可以增强教学的计划性、有序性和整体意识，备课与上课时就能瞻前顾后，不至于重复讲解，不至于眉毛胡子一把抓。教学中教师应该把自己对教材的整体认识告诉学生，让学生对教材也有一个全面的了解。此项工作一般在寒暑假进行。

② 通读某一册教材

在浏览教材的基础上，在新学期开学之前就要通读所要教的某一册教材。通过通读全册教材，全面了解全册教材中有哪些教学内容，要让学生掌握哪些基础知识与基本技能，各个章节、各个单元的教学目的、重点、难点、关键点是什么，从而正确地把握教材的深广度，领会教材编写或修订者编排或修改的意图。这样就可以为制订学期教学计划和钻研某一单元教材、某一章节教材作好准备。

③ 细读某一单元的教材

按主题组织单元内容，是新教材的共同特点。学习研究新教材，就是要弄清楚每一单元的主题是什么，内容是按什么顺序编排和呈现的，各部分属哪个认知水平。每单元内容，又是怎样把知识、能力、方法、情感等各种教学目标有机地融合在一起的。弄清这些问题，我们对教材就有了进一步的认识，教学时就容易做到目标明确，重点突出。

一个单元的教材是相对独立的一块知识，教师在单元备课时，不仅要对本单元教材细细读懂，清除障碍，而且要分析其内部结构，把握知识点之间的内在联系，找出共性与个性的东西，找出教材重点、难点，明确各个教学内容在全册教材以至全套教材中的地位与作用，这样就可以在教学时不仅要求明确，重点突出，而且可以前后联系，上下连贯，使学生更好地理解教材。

④ 精读即将施教的具体教材

研究每节课，是教学前要做的最细致、最重要的工作。因为它是我们设计教学预案的基础，所以必须认真学习，仔细揣摩，真正弄懂。对于一篇篇课文，首先要弄懂课文写了什么，是怎样写的，为什么要这样写，这样写有什么好处；其次要明确，根据培养学生学科素养的要求，课文都涉及哪些目标，应达到什么层次；再次要想一想，从理解课文的角度看，还存在什么问题，应怎样解决。

对即将施教的教材要认真阅读，细心分析，深钻细研，逐字逐句推敲、研究，做到“字字落实”，从而明确以下问题：a. 本节课的教学目标是什么？要使学生掌握哪些基础知识，熟练运用哪些基本技能，培养什么能力，进行什么思想品德教育？ b. 本节课教材之间有什么内在联系？教材的重点是什么？学生最难理解与掌握的问题是什么？突破难点的关键是什么？知识的来龙去脉是什么？各个例题、习题的作用是什么，如何搭配使用？ c.需要收集、利用哪些课外课程资源？

⑤ 科学合理地处理教材

教材内容是按照学科本身的科学性和系统性来编排的，教学时教师不能把教材结构原封不动地搬到课堂上，它特别需要执教者的创造加工，必须根据教学内容、教学目的、学生的知识基础、学生的认识规律及心理特点，对教材进行合理的调整充实与处理，重新组织、科学安排教学程序，选择好合理的教学方法，使教材系统转化为教学系统，将教材内容变成有利于学生学习与发展的教学内容。特别是新教材有许多的特点与优点，它理应是最主要的课程资源，必须充分地使用好和科学地处理好，不能随便应付。

以上钻研教材的五个步骤是一个有机联系的整体，教师备课时也不一定要按部就班，不同教龄、不同水平的教师应重点突破自己的薄弱环节。

（3）教材是否吃透的标准

有经验的教师认为，钻研教材要做到“三熟”：一是熟练地掌握所教教材的实质性内容和有关的基础知识，明确教学的主要任务；二是熟知所教教材的重点、难点、注意点和关键点；三是熟悉所教教材与前后教材之间的相互联系，弄清知识的来龙去脉。这样就能在上课时做到用着教材，却又跳出教材；以教材为本，却又摆脱教材束缚。课堂上就能眼观学生，耳听四方，从容不迫，随机应变。

通过钻研教材，应做到在心中有把握地回答以下三个问题：①大部分学生对教材的哪些内容已经掌握了，哪些还没有掌握？

②教材中的哪些内容对大部分学生可能成为难点？哪些内容可能成为某些学生的难点？这些难点经过老师启发后哪些学生可以理解，哪些学生一时还难以理解，应怎样给予个别辅导？③在完成教学预设后，哪些学生还可能“吃不饱”，需要适当加码，以满足他们的求知欲？这样就做到了备课与备人相结合，教学时就能目中有人，有的放矢，针对性就强。

3. 阅读参考资料，做到脑中有“料”

为了更好地提高备课质量，在认真钻研课标、教材的同时，适当地阅读一些与课标、教材配套的教学参考资料，包括优秀教师编写的教案集，也是十分必要的，这对于帮助教师明确教学目标，准确地把握教材重点、难点、关键点、注意点以及教材结构，改进教学方法，安排教学时数等，具有很好的参考价值。

（1）教学参考书按用途不同分类

① 经验性的教学参考书。主要是指学科的一些专题的教学经验和教学论文。

② 资料性的教学参考书。这种参考书可为教师备课提供一些背景材料及一些有关的补充知识，以及疑点、难点的解释等。

③ 指导性的教学参考书。这种参考书往往是由教材出版部门组织专人编写，有一定权威性和指导性，它与教科书紧密结合。这种教学参考书对帮助教师（特别是新教师）明确教学目标，准确把握教材重点、难点、关键及内部联系，改进教学方法，规划课时等具有很好的参考价值。

（2）使用教学参考书应注意的事项

① 反复阅读，认真体会。教学参考书一般都是由教材编写者、

教育专家和有丰富教学经验的优秀教师编写出来的，是专家和优秀教师经验的结晶，是每位教师备课时必不可少的好帮手。对刚上岗的新教师、对第一次使用新教材的教师特别有参考价值。所以每位教师一定要结合教材认真地阅读教学参考书，认真地体会教参中的内容，逐步加深对教材的理解，吸取教参中处理教材的经验与方法，明确教学目的、教学重点、难点与关键，从而提高备课的质量。

② 只供参考，不得照搬。教参只能作为备课的参考，而不能取代教师的备课。因为教参所讲的内容是就一般情况而言的，而且是比较概括的，而每位教师所处的学校的条件、所教学生的实际情况都是不一样的。如教学的某个难点问题，对甲地某班大多数同学来说确是困难的，而对乙地某班大多数同学来说，就不一定是困难了。因此，教师必须针对自己的教学实际情况，在认真阅读、认真体会教参的基础上，创造性地利用教参中所提供的材料，写成符合自己学生实际的教案，而不能受教参内容的限制与束缚，更不能照搬照套教参内容。

4. 了解学生实际，做到目中有“人”

（1）了解学生的必要性

教学活动是师生的双边活动，学生在教学中处于“主体”的地位。教学过程是学生由已知到未知、由低级到高级、由片面到全面、由浅到深的认识过程，也是学生从感知到理解、从理解到应用的过程。学生从未知到知的矛盾在这个认识过程中属于内因，是认识的基础。教师的作用属于外因，是认识的条件。外因必须通过内因起作用。因此，教师只有深入地了解学生，做到目中有

“人”，才能使教学工作做到“有的放矢”，使教学取得预期的良好的效果。

（2）了解学生什么

了解学生，主要是了解他们的现有知识水平、学习兴趣、学习需求、学习意见、学习态度、学习能力和学习效果以及年龄特点、生活经历、活动范围等。

（3）了解学生的方法和途径

① 摸底测验。对新入学的新生或刚接任的新班级，为了了解学生学习的实际情况，可以出一套所学知识试题对他们进行测验，以检查学生对基础知识、基本技能掌握的情况和灵活运用所学知识解决问题的能力。

② 查阅档案材料。即查阅学生的《入学登记表》、学生手册以及学生过去做过的作业、试卷、笔记本等。但不应把学生的一些不良情况在学生中传播，更不能揭学生的“老底”。

③ 调查了解。对学生学习的兴趣、生活范围和经历等，可以用调查表进行调查，也可以通过班主任、家长或开学生座谈会或家访等调查了解。

④ 经常下班辅导。科任老师要在下班后，多和学生接触、交谈，进行个别辅导和答疑，不断听取学生对教学的反映和意见。切忌上课姗姗来迟，下课匆匆而去，辅导懒懒散散。

⑤ 及时批阅作业。及时批阅学生独立完成的作业和练习，这对及时了解学生的知识和能力状况是十分有用的。如果教师对学生作业能做到面批面改，对深入了解学生的学习状况，会带来更大的好处。

⑥ 做好课后分析。每节课结束后要进行课后分析。根据学生在课堂上反馈的信息，检查自己的教学是否完成任务，有哪些遗漏和不足，应采取哪些补救措施，等等。

⑦ 做好试卷分析。考试后要认真地、深入细致地做好试卷分析，算出得分率，从基本知识、能力、运用知识和技能等方面逐题地进行分析、研究，并考虑提高教学质量的措施及解决办法。

⑧ 从学生的发展变化中了解学生。每次考试后，通过分数统计，就会发现学生在学习上的发展变化。可以通过上升型和高水平稳定型的学生来总结学科的学习经验；通过下降型、起伏型和低水平稳定型的学生来寻找学习中的问题。

（4）讲究方法，做到几个结合

在了解学生情况时，要做到几个结合：定量与定性相结合，直接与间接相结合，课前与课后相结合，结论与过程相结合，知识与心理相结合，一般情况与个性差异相结合。

5. 设计教学过程，做到手中有“法”

设计教学过程是指在钻研教材、了解学生情况的基础上，对一节课的程序安排和教学方法的选择。

（1）教学过程的设计应考虑的问题

① 怎样根据新旧知识的联系与迁移规律，组织好旧知识的复习与新知识的引入？需要创设什么教学情境？

② 以怎样的程序组织教学？采取怎样的结构安排教学？“先教后学”“先学后教”“先议后讲”“先练后评”“精讲精练”等如何落实？什么内容、什么时候由教师讲解或引导？什么内容、什么时候由学生自学、思考、操作或讨论？教师该先讲什么、后

讲什么、详讲什么、略讲什么？学生该先做什么、后做什么？

③ 选择怎样的教学方式与学习方式？进行怎样的学法指导与学习习惯养成？学生的自学、思考、讨论、实践操作等需要怎样的指导与帮助？

④ 怎样安排层次练习？怎样组织听、说、读、写、算等技能的训练？

⑤ 运用怎样的教学手段？利用哪些直观教具？板书该怎样设计？

⑥ 各个教与学环节的教学时间怎样分配更科学？

⑦ 怎样进行教学过程和课末评价？

⑧ 怎样小结和布置课外作业？

（2）教学过程设计举例

例 1 语文一年级上册第一篇课文——《画》

（远看山有色，近听水无声。春去花还在，人来鸟不惊。）

一、诵读儿歌，激发兴趣，导入新课

二、初读古诗，整体感知，认读生字

三、诵读古诗，展开想象，体会感情

四、趣味练习，书写生字，课外延伸

例 2 数学六年级上册——《圆的面积》第一课

一、创设情境，激趣引入

二、引导探究，构建模型

1. 启发猜想，明确方向

2. 化曲为直，扫清障碍

3. 分组实验，讨论合作，推导公式

4. 展示成果的体验成功

5. 首尾呼应，巩固新知

三、分层训练，拓展思维

1. 基本性练习

2. 综合性练习

3. 发展性练习

6. 编写熟悉教案，做到教中有“据”

（1）什么是教案

教案，又称课时计划，通常的说法叫教学设计。它是教师按照预定的教学目标，经过充分准备和缜密的考虑所写出来的关于课堂教学的一切具体措施方案。编写教案是教师备课过程的最后一个步骤，它可以使教师在备课中所考虑的多种教学活动设想，经过进一步的推敲而条理化、科学化，明确地体现在教案文字之中，使教师的备课更加系统、准确和深刻，并为课堂教学实践活动提供备忘材料。优秀的教案是设计者教学思想、教学经验、教学智慧、教学个性、教学艺术的综合体现。有的老师不够重视教案的编写，认为写教案是在浪费时间。有的为了应付学校检查，要么随便写几行字，要么抄参考书，要么从互联网上下载。这种认识与做法是不对的。

（2）教案的作用

一份好的教案是教师在备课过程中研读课标和钻研教材，了解学生情况和选择教学方法的总体现。一份好的教案不是教材内容的堆砌或压缩，而应反映课堂教学过程的概貌。教案编写得好坏，也是决定一堂课好坏的重要因素之一。若有好的教案，再加上有比较好的表达能力和讲课艺术，又能熟悉教材内容体系和了解学生的实际情况，就能保证上好一堂课。有的年轻教师问，为什么有的教师的教案看起来很一般，但课上得很好？而有的教师的教案看来写得很好，但教学效果却不理想？前者是因为他脑子里有一个好的教案，若他能再写下一份好教案，课就会上得更好；后者的教案也许是闭门造车来的脱离学生实际的教案，也许是教师的表达能力与讲课的艺术性较差。这就是说，一个好的教案是上好一堂课的必要而不充分条件。所以，老师们不仅要认真写好教案，还要把教案在课堂上认真实施好。

（3）教案的分类

教案有以下三种类型：一是简单的、提纲式的教案；二是详细全面的教案；三是介于二者之间的教案。对于新教师，最好先写一份详案，然后再从中缩写出一份提纲式的简案，供上课时作提示和参考用。经验丰富、熟悉教材，了解学生的教师可写简案，大多数教师可写介于详简之间的实用型教案。对有些内容较多、难度较大的课，无论什么教师最好都能写出详案。

有的学校为了减轻教师负担或资源共享，允许教师使用电子教案，惹来一些争议。我认为，只要教师不偷工减料，不照搬照套，不下载了事，未尝不可。但人都有惰性，要慎用。

有的学校允许教师使用旧教案，也惹来一些非议。我认为，只要能根据学生的实际，在旧教案上进行有效的修改与增删，也未尝不可。但是，因为每一届学生是不一样的，旧教案一字不改，老是一张旧船票骗学生和校长是不应该的。关键还是教师的责任感。

有的学校或老师为了提高教学效率或减轻师生负担，将教案改为学案（或叫导学案，或叫教学案），不仅教师可用，学生也可使用。若编写得好，又使用得当，以上目的也是可以达到的，是可以大胆实践的。

（4）教案的内容

教案的内容一般包括：①授课班级与时间；②课题（或教学内容）；③教学目标；④课型与课时；⑤教学方式、方法；⑥教具（含课件）准备；⑦教学重点、难点、关键；⑧教学过程安排及时间分配；⑨板书布局；⑩教后反思。

其中教学过程的设计是重点，一般包括复习引入、新知学习、检测练习、评价小结、作业布置等几项。当前，根据课程改革的需要，教学过程中还经常安排自学、尝试、探究、讨论、反馈、操作、实验、演示、质疑等环节。但不管拟定什么环节，都要规划出具体的活动内容、教学步骤、教学方法及板书设计，即“做什么”“何时做”“怎样做”。这些都要计划清楚，包括时间安排。

（5）教案的一般格式

编写教案也是无定式的，从内容到形式都可以多种多样。目前各校使用的教案本大多是表格式的，本节后面的“附录”就是其中一种格式。当然，不同的课型，教学过程也会有所区别，因此编写出来的教案也有所区别。如练习课教案的教学过程一般应包含：①旧知复习；②学生独立练习；③评价小结；④布置作业。复习课教案的教学过程一般包含：①旧知梳理、归纳知识；②综合练习（含例题讲解）；③揭示规律、总结方法、提高能力；④布置作业。

（6）教案编写的一般步骤

① 确定教学目标；

② 确定教学重难点；

③ 选择教学方法与手段；

④ 设计教学程序及时间安排；

⑤ 设计课堂练习与课外作业；

⑥ 设计板书。

（7）编写使用教案的注意事项

① 要树立正确的教学思想

有什么样的教学思想，就会有什么样的教案，也就有什么样的教学活动。教学是围绕着学习展开的，是为学生学习服务的。所以，备课设计就是要把学生怎样学、学什么、教师怎样指导学生学放在首位。教师应树立“为学生学习而设计”“为学生发展而设计”的基本思想。要以问题为中心来设计教学，要以教会学习为主要任务来设计教学，要以学生的实际来设计教学。要处理好预设与生成的关系。

② 要重视课前想象模拟

编写好的教案与课堂教学在时空上、内容的传授上是有区别的。为此，教师在上课之前要熟悉教案，进行想象模拟，努力想象自己就在实际的课堂教学中，详细考虑实施教案的具体细节，如，怎样“开讲”，怎样提问，提问谁，教学某个知识点时学生可能会出现什么问题、如何应对等。

③ 要正确使用教案

上课时要依据教案授课，但又要能脱离教案。一般来说，除了在抄题目（以防抄错题）、讲完一个段落（以免遗漏）、布置作业（以免信口开河）时应看教案外，其余时间里最好不看教案，课前应把教案主要内容记在心上。当课堂教学中出现学生实际与备课时考虑的方案有较大差距或课堂内发生一些偶发事件时，可以根据具体情况，对教案做些更动，但这种更动不能太大。新教师在课堂上更动教案更应慎重，以免打乱计划，闹得不可收拾。

④ 要正确处理好预设与生成的关系

课前预设是需要的，但是，预设要适度，要留有空间，过度的预设必然导致对教学的过分控制，导致对学生活动和发展的包办、强制和干预，从而阻碍学生的发展。教学不只是单纯的预设操作，不只是原有教案的展开过程，更是课程创生与开发的过程。完全按照预设进行教学，课堂必然变得机械、沉闷和程式化，缺乏生气和乐趣，缺乏对智慧的挑战和对好奇心的刺激，使师生的生命力在课堂中得不到充分发挥。

从学生发展角度来说，既需要预设性发展，也需要生成性发展。所谓预设性发展是指可预知的发展，即从已知推出未知，从已有的经验推出未来的发展；所谓生成性发展是指不可预知的发展，即这种发展不是靠逻辑可以推演出来的，在教学中，它往往表现为“一通百通”“茅塞顿开”“豁然开朗”，表现为心灵的共鸣和思维的共振。

⑤ 要重视写好教后反思

教后反思是教案的重要组成部分，教后反思主要记载教学的心得体会及教学效果。教后反思的完成，有利于教师将课堂得失与原来的构想加以对照分析，使教师的实践经验进一步上升为理论，为今后的教学、教研提供珍贵的资料。因此，每位教师都要重视写好教后反思。

编写教案是备课全过程的最后一道工序，是前面几项工作的总结和书面反映，是上课的依据。好的教案应结构完整，目的明确，层次清楚，重点突出，前后衔接，转折自然，练习适当，切实可行。格式不必强求一律，详简也应视情况而定。一切以实用、实效为目的。

附录：教案参考格式一例

备课时间：____年__月__日　上课时间：____年__月__日

上课班级：______

<table>
<tr><td>单元（章节）</td><td colspan="4"></td><td>共　　课时</td></tr>
<tr><td>课　题</td><td colspan="4"></td><td>第　　课时</td></tr>
<tr><td>课　型</td><td></td><td>教具</td><td></td><td>学具</td><td></td></tr>
<tr><td>教学目标</td><td colspan="5">知识技能：
过程方法：
情感态度：</td></tr>
<tr><td>教材分析</td><td colspan="5">重点：
难点：
关键点：</td></tr>
<tr><td>教法学
法选择</td><td colspan="5">教法：
学法：</td></tr>
<tr><td colspan="6">教学过程设计</td></tr>
</table>

续表

教学步骤	教师指导	学生活动
板书设计		
教后反思		

（三）备好课还应做到以下几点

1. 注意做到几个相结合

备课时除了要做到以上所谈的备课与备人相结合、集体备课与个人备课相结合外，还要做到备思想与备知识相结合，备教法与备学法相结合，备目标与备方法相结合，备课标与备教材相结合，备重点与备一般相结合，备教材与备教参相结合，备全局与备章节相结合，备本学科与备其他学科相结合。

2. 积极参加集体备课

个人备课是教师完成备课的基础，但是仅仅个人备课是不够的，要提高备课质量，还必须积极参加集体备课。集体备课指的是同学科、同年级的以教研组（两周一次）、备课组（一周或一单元一次）为单位的备课活动。集体备课应在个人备课的基础上进行，个人备课时的独到认识与疑难问题，可以拿到集体备课中来交流与研讨。这样就能集思广益，互相取长补短，使个人编写的教案得到充实、修改，变得更加完善。集体备课不要过分强调统一，而要做到：教案基本要求可以统一，但格式不一定统一；教学进度可以统一，但上课时间不一定统一；教学课题可以统一，但教学内容不一定统一；教会学习、教会思考可以统一，但教学方式方法不一定统一。要根据学生实际和教师个人实际而定。

目前，有的学校分单元、分课时进行分工备课，以起到资源共享和减轻负担的作用。

3. 重视战略性备课

所谓战略性备课，指的是平时要重视收集教学信息，要加强教育教学理论的学习，要积极阅读报纸杂志，经常上网浏览，广泛积累资料，以吸取教学“营养”。要利用假期通读所教学科的全部教材及相关学科的教材，还要增强自身素质，树立规划意识、学习意识、研究意识、反思意识、总结意识、合作意识、创新意识。这样在具体的战术性备课时，就能把先进的教学思想与教学实践结合起来，就能把握教材的系统性和连贯性，把握所教教材在整个学科体系中的前后联系与其他学科的纵横联系，就能了解所教教材的特殊地位和作用，处理所教教材就能站得高、看得远，讲起课来就能得心应手，水到渠成，教学效果就好。这就是苏霍姆林斯基所倡导的“终生备课”的思想。

有效教学——
“十条”教学建议

有效教学，就是在教学活动中，教师采用各种有效的方式和手段，在有限的教学时间里，取得尽可能多和好的教学效果和教学效益。

有效教学关心的主题就是如何使用恰当的教学策略提高课堂教学的效率。我们可以从不同的角度来研究这个问题。下面从教学论的角度提出建议。

（一）关于教学目标

教学目标是实现教学目的的期望，它是一个狭窄的、短期的概念。它具有里程性、具体性、列举性，表现为个别的、部分的、阶段的价值。通俗地说，教学目标是教学活动主体在具体教学活动中所要达到的预期的结果或标准。

教学目标是教学活动的出发点和归宿，它具有：（1）导向功能，指引着教学活动的方向；（2）评价功能，教学活动中所进行的各种评价都要以教学目标为依据；（3）调节功能，教学程序的设定、教学方式的选择等一切具体的课堂教学环节均受到教学目标的制约，而经常发生着相应的变化；（4）激励功能，教学目标对师生双方都起到一定的激励作用。也就是说，教学目标不仅是教学活动的出发点和归宿，还具有重要的管理职能。设计并陈述教学目标，实施目标定向引导，成了课堂管理的重要环节。

理解和把握课程标准所规定的教学目标，并围绕目标教学，促进教学目标的实现，是有效教学的第一要义。

1. 教学目标设计与实施低效的主要表现

（1）只重知识与技能目标。知识与技能目标是课堂教学关注的中心，其他方面的价值被认为都是附属的，可有可无的。所以，几乎每个教案中的知识与技能目标都不会被遗漏，而其他目标往往被忽视。

（2）陈述不具体、不明确、不科学。查阅教案可发现，不少教学目标的陈述含含糊糊、模棱两可，缺少操作性。有的主体不明确，如，“通过……使学生……”。

（3）教学目标学生不十分明确。有的教师设计的教学目标，仅仅是自己知道而已，学生并不知道，所以课堂上学生只能是盲目地跟着老师转。

（4）没有体现层次性、针对性。有的教师在设计教学目标时，没有体现层次性与针对性，而是一刀切，齐步走。

（5）教学背离教学目标。片面追求时髦，盲目迷信开放式教学，把开放异化成放任。课前预设的教学目标，在课堂上得不到有效的落实。

2. 提高教学目标有效性的建议

（1）正确把握“三维”教学目标的内涵

知识与技能。知识是指事实、概念、原理、规律等；技能是指动作技能以及观察、阅读、计算、调查技能等。要根据基础教育的性质和时代特点，确定哪些基础知识和基本技能是学生终身发展必备的，同时还应重新界定新时期基础知识与基本技能的概念，如英语基本能力、信息意识与能力等，也应成为当代公民必备的素质。在教学过程中，教师要十分重视基础知识与基本技能的教学。也就是说，强调“三维”目标不等于可以削弱“双基”教学，对那些学生终身有用的、必备的“双基”知识仍然是要让学生牢固掌握好的，而这种掌握不应该是教师灌输给学生的，不应该是学生通过死记硬背、机械训练得到的，而应是在教师的启发引导下学生自己获得的。

过程与方法。过程与方法是指认知的过程和方法，科学探究的过程和方法，认知过程中人际交往的过程和方法。特别强调在过程中获得和应用知识，学习和运用方法。在教学过程中，教师要创设教学情境，让学生积极主动地参与教学全过程，教师要在教学的各个环节指导学生选择适合自己学习的方式方法，探索新知，培养能力。传统教学更多关注的是学习的结果，忽视学习的过程，忽视学生是通过什么样的学习方式和策略来学习的。当然，强调探索过程，意味着学生要面临一定的问题和困惑，甚至是挫折和失败，也可能学生花了很多时间和精力，结果却收获甚少，甚至一无所获。但是，这却是一个人的学习、生存、生长、发展、创造所必须经历的过程，也是一个人的能力、智慧发展的内在要求，它是一种不可量化的“长效”、一种难以言说的丰厚回报，而眼前耗费的时间和精力应该说是值得付出的代价。

情感、态度与价值观。一般包括对己、对人、对自然及其相互关系的情感、态度、价值判断以及做事应具有的科学态度、科学精神。情感不仅指学习兴趣、学习热情、学习动机，更是指内心体验和心灵世界的丰富。态度不仅指学习态度、学习责任，更是指乐观的生活态度、求实的科学态度、宽容的人生态度。价值观不仅强调个人的价值，更强调个人价值与社会价值的统一；不仅强调科学的价值，更强调科学价值与人文价值的统一；不仅强调人类的价值，更强调人类价值与自然价值的统一，从而使学生从内心确立起对真善美的价值追求以及人与自然和谐可持续性发展的概念。教师要在引导学生学习知识的过程中潜移默化地培养学生正确的价值观、人生观和世界观，使学生形成正确的价值选择，有远大理想，有社会责任感，将来能为国家尽责，能为人民服务。因此，情感、态度、价值观必须有机地渗透到课堂教学之中去，并有意识地贯穿于教学过程始终，使之成为课程教学内容的血肉，成为教学过程的灵魂。

（2）教学目标设计要全面、明确具体、有层次性

新课程所要求的“三维”目标不是独立的三个目标，它们是一个整体，不能把它们人为地割裂开来。所以，教师在设计教学目标时，要整体、全面考虑“三维”目标，不能只注重知识领域目标的设计，而忽视其他领域目标的设计。在具体的每节课中，教学目标又要有不同的侧重点，不可能也没有必要每个课时教案都要体现“三维”目标，特别是情感、态度、价值观的目标，主

要是在教学过程中进行有机渗透，不必每节课都写出来；但教学目标的设计要十分明确、具体，不要含含糊糊、模棱两可，要有可操作性；又因为学生学习的差异是客观存在的，所以，教学目标的设计还要有层次性与针对性，不搞一刀切、齐步走。

（3）教学目标要让学生十分明确

教师设计的教学目标，在课堂上不仅教师本身要十分明确，而且要让学生也十分明确。教师可通过口述或板书、或多媒体投影、或提供文本等形式使学生对教学目标十分明确。实践证明，学生对教学目标是否十分明确，学习效果大不一样。当然，也要防止学生思维被教学目标所禁锢，要处理好预设与生成的关系，要十分重视课堂上的生成，教师在备课时一定要留有余地，不要把时间安排过满。

（4）不能以具体内容标准代替教学目标

课程的具体内容标准是课程目标的具体化，但它不是详细、具体的教学目标，因此，不能以具体内容标准来直接代替相应的教学目标，而应依据课程目标、课程具体内容标准和教学实际来设计教学目标。例如，“练习使用显微镜”这一节课，如果把具体内容标准中的“说明显微镜的基本构造和作用”直接作为教学目标，显然是不合适的。可以将本节课的教学目标设计为：知识与技能目标——说出显微镜主要构件的名称和作用，说出显微镜的规范操作方法，练习使用显微镜，尝试使用显微镜观察生物玻片标本；过程与方法目标——学会按程序操作和观察；情感态度价值观目标——认同显微镜的规范操作方法，爱护显微镜。

（5）正确理解和把握学习水平要求

课程标准中给出了“学习目标的说明”，阐明了各目标水平的要求，列举了各目标水平对应使用的行为动词（设计目标时不限于列举的动词范围），教师应在深入理解和把握学习水平要求的基础上，准确选择和使用相应的行为动词，在分析具体内容标准中的目标水平时，一般可以通过描述“标准”的动词来判断其学习水平要求，如“概述、阐述、说明”等对应于理解水平，“描述、说出、识别”等对应于了解水平。

（6）要千方百计地保证教学目标的落实

一方面，教师不仅要设计出合理的教学目标，而且还必须紧紧围绕着教学目标来精心选择和组织教学内容、设计相应的教学策略和进行教学评价。只有这样，才能保证教学目标落实到课堂教学中。另一方面，教学目标设计是以分析的方式进行的，即按照三个领域分别设计出若干个目标，在实施教学目标时，往往是将目标综合在一起进行的，分析的目的是全面具体地把握教学目标，综合地实现教学目标。

总之，教师在确定教学目标和实施教学目标时，既要关注学生知识与技能的理解和掌握，更要关注学生情感与态度的形成和发展；既要关注学生学习的结果，更要关注学生在学习过程中的变化和发展；既要关注全体学生统一的“保底”要求，更要关注不同层次学生的不同发展。

（二）关于教学内容

新课程指出：教学内容要从“繁、难、偏、旧”和过于注重书本知识向“加强课程内容与学生生活以及现代社会和科技发展的联系”转变。课堂教学的主要任务就是根据课程标准的要求和学生的实际，选择适当的教学内容与方法进行施教。所以，教学内容选择是否恰当，是课堂教学是否有效的关键。

1. 教学内容的选择与实施低效的主要表现

（1）狭隘的教学资源观。教材一直是学校教育的主要教学资源，以至于人们常常误认为教材就是唯一的教学资源。当前，在课堂教学中，一方面“唯本独尊”，就是把教科书当作圣经来解读的现象仍旧相当普遍，许多教师离开了教材就感到无法教学；而另一方面，也有不少教师不把教材当回事，有的随意增删教学内容，有的随意拔高或降低教学要求，有的只是在布置作业时才叫学生打开课本，久而久之造成学生不会阅读课本。不会阅读的学生是潜在的“差生”。

（2）重点不明确、不突出。不少课堂，教师对教学重点心中无数，更谈不上突出重点，所以整堂课平铺直叙，教学各个环节均摊精力和时间。由于教学重点不明确、不突出，必然影响学生重点内容的掌握。

（3）教学容量密度不当。有的课由于教学容量与密度过大，节奏感过强，使得多数学生接受不了，影响教学任务的完成；而有的课又由于教学容量与密度过小，使得一堂课松松垮垮，学生没有足够的思维密度，长此以往，就会造成学生思维肤浅。

（4）教学内容脱离实际。有的教师选择的教学内容，脱离学生的生活实际和已有经验，脱离社会和时代要求；有的教师选择的教学内容贪多、贪大、贪洋等，恨不得将自己所知道的或所搜集的所有材料在一节课里都灌给学生。

2. 提高教学内容的有效性的建议

（1）灵活地使用教材和处理教材

要创造性地使用教材。教学不是教材内容的简单移植和照搬，它特别需要执教者的创造加工。就是说教师要创造性地使用教材，要将教材内容变成有利于学生学习与发展的教学内容，把教材当作圣经来解读是陈旧的、过时的。当然，不把教材当回事也是不妥的，教材毕竟是专家们精心编写的，它仍是教学的主要依据。创造性地使用教材一般要做到“四个化”：教学生活化、教学问题化、教学活动化、教学系统化。

容量、密度、难度要适当。教师首先要了解学生的学习需要，了解他们已有的经验与知识基础，了解他们的个别差异，然后根据教学的任务、教材的特点与学生的实际情况来合理开发、选择或者重组各方面的课程资源，选择恰当的教学内容与恰当的容量、密度与难度。

灵活处理教材内容。具体说，就是“当快则快，当慢则慢”。就一节课而言，首先要保证重点内容与难点内容学习、探究的落实，次重点内容或可放到课后。让学生自行完成的内容有时候要懂得取舍：就一个单元而言，较简单的内容或学生认为自己能够掌握的内容，教学进度完全可以加快，有时甚至可以舍弃不教，或者对教材进行重新组合，以节省课时；而有时为了能够让学生对某个问题、某种方法有一个完整的探究过程，教师要舍得留出足够的时间让学生去“自主学习、合作学习、探究学习”，不要一味去赶进度、赶时间。

（2）把握重点，突出重点

明确重点，引起重视。教师在上课时，首先要明确告诉学生本节课要着重解决的重点问题是什么，然后讲清掌握好本节课重点问题的重要意义和长远影响。从而使学生格外重视本节课的重点问题。

激发兴趣，满怀热情。教师在讲重点问题时，不仅要通过各种方式激发学生学习的兴趣，启发学生积极思考，还要带着饱满的热情讲课，做到情动于衷、行诸于外、言必中肯，使学生印象极深、久久难忘。

声音洪亮，语言简洁。讲到重点问题，教师切忌平铺直叙、语言平淡、啰啰唆唆，而要做到加重语气、声音洪亮、语言简练、吐字清晰，使学生听得清楚，印象鲜明。

及时强化，灵活运用。重点问题讲解完后，要及时强化训练，让学生及时动脑、动口、动手，及时纠正错误，使学生能在需要时再现重点知识和灵活运用重点知识。

突出重点，带动一般。突出重点，不等于不要一般知识，只是可以略讲、少讲，还可在学生透彻掌握重点知识的基础上，指导学生自己看、自己练，学会举一反三，灵活地解决一些与此有联系的具体问题。

（三）关于教学情境

创设教学情境是课程标准对课堂教学的要求。创设教学情境，就是指在教学过程中教师借助语言描述或直观手段来创设与教学内容紧密联系，有利于激发学生兴趣、丰富学生感知、启发学生思维、引发学生想象，实现教学目标的具体形象，形成富于情感性的教学环境和氛围。创设情境的目的是激发情感，有境无情不是情境教学。教师通过创设教学情境，使学生如临其境，如见其人，如闻其声，受到情绪的感染，引起感情上的共鸣，从而激起学习的悬念和思考，激起学习的内在动力。

但是，有的老师把创设教学情境当作一种点缀，达不到创设教学情境应有的效果，有的甚至因此而迷失了教学方向。

1. 创设教学情境低效的主要表现

（1）脱离学生实际。有的课教师创设的情境脱离学生的生活经验或脱离学生已有的知识水平，成了无效情境或摆设情境。如一位山区学校的老师创设人民币兑现美元情境，其目的是使其在计算时发现除不尽，从而引出商的近似值。但由于山区小学学生不熟悉美元，所以效果不好。

（2）脱离教学内容。过分追求情境的外在花哨、有趣，而忽略了内在实质的思考与探索，舍本逐末，忘了学科的特点，少了学科的味道。如，一节数学课上，教学内容是看图找规律，但老师整堂课创设的情境全是大城市里游乐场的游乐设施，跟教学内容一点联系都没有，只是为了让孩子感到有意思而已。

（3）占用时间过长。有的老师为了创设情境，不仅备课时花了大量时间和精力，而且在课堂上也花了太多的时间与精力，有的占用了十几分钟，甚至更长时间来创设教学情境。这样做势必影响整节课教学任务的完成，顾此失彼，得不偿失。

（4）媒介使用不当。有的课一味追求动态画面情境，如多媒体等，而放弃信手拈来的身边的、生活的、现场的情境，有的甚至错位使用，如推导圆锥的体积计算公式时，不是创设现场实验探究情境，而采用多媒体模拟演示情境。

2. 提高教学情境创设有效性的建议

首先要紧密结合教学内容与学生实际，其次要掌握创境的一般方法。

（1）问题设置创设情境。教师精心设置疑问，提出有思考意义的问题，激起学生思维的积极性和求知的欲望，这是各科教学最常用且简单易行的创设情境的方法，能够收到极好的效果。

（2）演示操作创设情境。教师演示学生观察或让学生直接动手操作进行实践，不仅可以培养学生的观察或动手实践能力，而且可以使学生在实践中更加直接地理解和掌握所学内容。

（3）模拟表演创设情境。模拟课文人物的动作形态进行表演，可以让学生更加愉快地投入到学习中去，从中体验课文人物角色的心理活动，加深对人物的理解。

（4）语言描述创设情境。教师通过富有激情的语言或风趣的语言以及形象的比喻、简单的幽默对课文内容进行生动、形象的描绘，可以使学生产生想象性的故事情境或景物情境，以激发学生的感情，丰富学生的想象，扣动学生的心弦，引导学生主动学习。

（5）教学媒体创设情境。利用多媒体再现情境，可以让学生的各种感官同时动起来，深刻地感受有关教学内容，轻而易举地实现教学目的，还省时高效。一个优美的造型，一幅美丽的插图，一个直观的镜头，可以非常直观形象地让学生理解掌握所学内容。但不是多多益善，要适量、适时。

（6）音美配合创设情境。教师若能具备一些美术功底，几根粉笔，几分钟内就可勾画出一些难以用语言表达的文章意境。若能配以一些音乐，效果更佳。这是吸引学生注意力的无声语言。

（7）充分地运用直观教学。要使教学有形、有情、有境，就要根据教学目的和教材特点，运用多种学生喜爱的、直观的教学手段，如实物、图片、录像、配乐、学具、游戏、猜谜、演示、实验、讲故事等来激发学生学习的兴趣，提高学习的效率。

（8）联系学生的生活实际。把学生带到大自然、带到大社会中，让学生切身感受一些情境，以提高学习的积极性与效率。这些都是创设教学情境的好方法、好途径。

（9）从教学实际需要出发。并不是每一节课都一定要创设实际情境引入，对一些不好创设情境或不需创设教学情境的教学内容（如数学中的运算顺序、运算律等），可以采取以旧引新或开门见山的方式直接导入新课。

总之，创设教学情境，一定要为实现教学目标服务。创设的情境不仅要有趣味性、新颖性、多样性、时代性，更要考虑科学性、思考性、针对性、实效性。

（四）关于教学方式

教学方式是为了实现教学目标，在教学过程中所采取的教学方法和教学组织形式。教学方式是为学生的学习方式服务的。

新课程对教师教学方式变革的要求是：教师要从以往知识的传授者、灌输者转变为学生学习活动的组织者、引导者和促进者；新课程对学生学习方式变革的要求是：倡导建立具有“主动参与、乐于探究、交流与合作”特征的学习方式。

但是，在课改实践中我们发现，有的教师在这方面把握和落实得不够好，甚至走入一些误区，从而导致了课堂教学效率的低下。

1. 教学方式选择与运用低效的主要表现

（1）没有吃透精神实质。有的课表面上看似乎充分体现了新课程的理念，实质上是与新课程理念“貌合神离”，甚至表现出一定程度的肤浅和浮躁。如有的老师每堂课必让学生看书自学，必让学生上台板演，必让学生开展小组讨论，必让多媒体进入课堂。甚至有的课，学习目标由学生自己提出，学习内容由学生自己选择，学习进度由学生自己把握，学习方式由学生自己决定，个别的甚至由学生爱怎么着就怎么着。这种课，形式上看来是充分地尊重和发挥学生的主体地位与作用，而实质上未必。因为一堂课的时间是有限的，形式上的几个“必让”或“由学生”，教学也必走过场，该由老师讲的没讲，该由老师做的没做。久而久之，学生对所学知识必一知半解、囫囵吞枣，能力也难以真正培养起来。

（2）深入研究不够。有的课把新课程对教与学方式的要求表面化、形式化。如有的课要求学生自主学习，但没有明确要求，没有适当指导，没有留足时间，没有交流反馈，严重的甚至放任自流；有的课，合作学习就是 4 人一组，而小组合作学习的目的任务是什么、师生各自的职责是什么、讨论的主题是什么、学生讨论的情况是什么都心中无数；有的课，什么问题都让学生探究，而探究的目的是什么、怎样引导各种层次的学生开展探究、怎样评价探究的效果，这些都没有深入研究。

这些问题若不解决好，新课程倡导的教与学的新方式就难以真正取得实效。

2. 提高教学方式选择与运用有效性的建议

（1）教师的主导作用不能削弱

我们知道，学生思想品德的形成离不开老师的教育，学生知识的获得与能力的发展也离不开老师的指导，“无师自通”的学生是极少的，甚至是不可能的。不同学习阶段（小学、初中、高中、大学）有不同学习阶段的要求，但没有一个学习阶段是可以完全脱离教师的教、教师的引导、教师的帮助的。就是硕士生、博士生也需要导师的引导与帮助，何况中小学生呢！所以，任何阶段、任何时候，教师的主导作用都不能削弱。当然，教师的这种引导与帮助不是要做学生学习的控制者，而是要做学生学习的促进者，这种“促进”也包括老师必要的讲授与指导。

（2）合理地选择教学方式

教学方式的选择与运用受许多因素的影响和制约。教师在选择教学方式时，首先要吃透各种教学方式的精神实质，认真研究各种教学方式的特点、要求、适用范围及与之相匹配的各种教学方法；然后再根据教学目标、教材内容、教学条件、学生实际和教师本身风格等情况，采用有效的教学方式。不管采用什么教学方式，都要充分发挥教师的主导作用，创设学生“自主学习、合作学习、探究学习”的教学氛围，教给学生“自主学习、合作学习、探究学习”的方法策略，引导学生“相互交往、积极互动、共同发展”。不是任何内容、任何时候、任何人都适合自主、合作、探究学习的，必须具体情况具体分析，切莫一刀切。

（五）关于教学语言

教学语言的优劣在很大程度上决定着课堂教学工作的成败。好的教学语言，不仅能准确恰当地传授知识、表情达意、启发思维，而且能够声声入耳、娓娓动听，抓住学生的注意力，感染学生；如果教学语言不佳，会使学生厌恶和烦躁，影响课堂教学的效果。

1. 教学语言低效的主要表现

（1）表达不简练。有的老师在课堂上总是唠唠叨叨，拉杂语、口头语、多余的话、重复的话太多，令学生非常讨厌。

（2）淡而无味。有的老师教学语言生硬死板，整堂课平铺直叙，缺少激情、缺少起伏、缺少波澜、缺少抑扬顿挫，使学生昏昏欲睡。

（3）一讲到底。有的老师上课时喜欢滔滔不绝，整堂课自己包场，个别的甚至夸夸其谈，天南海北瞎吹一通。

（4）音质音量差。有的老师声音粗糙、沙哑、低沉，犹如撕裂破布，刺耳烦心；有的老师上课大喊大叫，搞“疲劳轰炸”，学生感到惊惶不安、心神不宁；也有的老师说话喃喃自语、嗡嗡如蝇，学生听不清。

（5）快慢不当。有的老师说话速度很快，但快而无节奏感，像“打机关枪”似的，学生“吃不了”；有的老师说话很慢，但慢而无要领，似“更壶滴漏”，使学生“吃不饱”。

（6）忽视体态语。有的老师不善于用面部表情和眼光来控制课堂情绪；有的手势、站立、走动姿势不美、不规范。

2. 提高教学语言有效性的建议

（1）提高口语的质量。教学语言不同于日常口语，它有两个明显特点：一是教学时间的固定性，每堂课只 40 分钟（小学）或 45 分钟（中学）；二是教学空间的既定性，一间教室只能容纳 50

人左右，教师的讲话声必须使在座的每一个人都能听到。具体有以下几个方面的要求：

口齿清楚。口齿清楚，主要是指发音准确、吐字清晰。要严格控制发音器官的活动，使其灵活自如，发出的声音清晰、准确。声母要读得有弹力，韵母要气力充沛，声调要鲜明，音节界线要清楚。字要咬，不要吞，字字落实，不能似是而非，含含糊糊，每个字、每句话都要真真切切地送到学生耳朵里。

音质悦耳。讲课需要有较好的音质，好的音质甜润清亮、优美，令人悦耳爽心，并且具有变化的特点。能模拟各种声音，有助于教学的形象化、具体化，有利于思想情感的表达，增强感染力。教师只要进行刻苦的训练，掌握正确的发音方法，是完全可以改进自己的音质的。

音量适度。具体标准是使坐在每个位置上的学生都能毫不吃力地听清楚教师讲的每句话、发出的每个音节，并且耳感舒适，如果达不到或超过这个适度的音量，就会妨碍信息的传递，影响听课的效果。

音高合理。在教学中，一般叙述、讲解宜用中音，使学生感到丰满结实，听得清、听得懂；在教学的高潮时宜用高音，因为高亢明亮的声音会使学生为之一振，重叩学生的心扉；质疑问难时又宜用低音，以抓住学生的注意力，使之认真思考。

语速恰当。给小学生上课，语速应适当慢一些，而给中学生、大学生上课，语速就应适当快一些；讲述的速度应快于讲解的速度，讲浅显易懂的内容一般比讲艰深繁难的问题时速度快一些；在普通教室上课与在大教室上课，在室内上课与在室外上课，教学语言的语速应有差别。

语调丰富。马卡连柯说过一句耐人寻味的话：在他不会用20种不同语调说出同一句“到这边来”以前，他不应认为自己是一个教育行家。教师的语言必须具有丰富的语调。教学语言不应是平铺直叙、平淡乏味的，而应有抑扬顿挫、轻重缓急、高低起伏的变化，高升调、降抑调、平直调、曲折调等交叉使用，形成语调的一种错综美，学生听起来才精神饱满，兴趣盎然。

重音强调。在教学中，恰当地使用重音，教学语言就显得轻重错落有致，可以增强语音的美感。同时教师为了突出教学的重点，强调某些部分，往往也需要重音。当然，在教学中，要避免那种重音机械重复、被称之为“吼派”的语言。

善用停顿。许多优秀教师都善于运用停顿技巧，在讲授重点难点和问题的承转处，解释概念、公式、定理和定义处，略加停顿，造成悬念，以引起学生的注意，给学生更多的思考时间，使以下的话字字句句在学生头脑中引起反响，留下印象。也可以运用停顿来调控课堂教学的节奏，使之张弛有致。同时，学生需要记笔记时，要将语速放慢，也需要较长的停顿。

（2）重视用好体态语。通过人的表情、体态的变化和动作传递信息的无声语言，叫做人的体态语言，简称“体语”。怎样使用体态语呢？

目光分配要合理。合适的做法是：目光要成扇形扫视，要从左到右、从右到左扇形扫视，目光的中心可放在倒数二三排的位置上；既不要长时间地直视某个学生，也不要使任何一个学生有被忽视、被冷落的感觉。一节课里，教师的目光始终要和每一位学生保持均衡的“对流”。

面部表情要适宜。一要自然。就是让自己的内心活动与外在表情相一致，使学生充分信任。二要适度。主要指教师的脸色脸形的变化不可过分、过频，要恰如其分，做到嬉笑而不失态、哀痛而不失声。三要温和。教师课堂表情温和、亲切、平易时，师生间的角色差异给学生造成的心理压力就会减少以至消失。要提倡把微笑带进课堂。

动作姿势要恰当。一要动作准确。既不能不伦不类或花样百出，也不能不讲分寸、过于夸张，而应根据需要灵活掌握、慎重使用。如需要迅速有力就不能绵软缓慢；需要力落关键字句就不能平铺直叙。二要站立平稳。站着讲课，有助于教师的动作、表情和阐述。站着讲不是总站在一处，呆若木桩，适当走动也是需要的，但走动频率不要太高，走速要适中，不能太快也不能太慢。

总之，在课堂上教师要努力做到：眼睛一扫，了解全貌；眉头一皱，计上心头；将手一伸，鸦雀无声。

（六）关于教学提问

课堂中的教学提问，对启发学生积极思维、获取教学反馈信息、沟通师生感情等都能起到积极的作用。但是，由于有的教师缺乏课堂教学提问的艺术，使得教学提问的效率不高。

1. 教学提问效率不高的主要表现

（1）满堂都是“问”。什么都问，什么都提“是不是”“对不对”之类的问题，虽然形式上很热闹，却因许多问题提得不得法、提不到点子上，或提出的问题没有思考价值，往往费时费力，效果又不好。

（2）惩罚式提问。有的老师提问时表情太严肃，学生感到害怕；有的甚至将提问作为惩罚手段，专门收拾心目中的“差生”。答不上问，就罚站、罚作业、罚劳动，甚至惩罚株连全班。

（3）缺乏针对性。有的只问优生，图个教学顺利，特别是公开课时；有的习惯采用齐答式提问，图个热闹；有的按座位依次提问题，或按点名册上的名次发问，图个方便。

（4）不给思考时间。有的教师一提出问题就马上要学生回答，或提出问题后，留给学生思考的时间很少。学生没有足够的思考时间，不可能把问题回答好。

（5）评价不到位。对学生的答问，有的教师没有做出及时的评价或评价不得法，如要么讽刺挖苦，要么超值表扬。

2. 提高教学提问效率的建议

（1）问题难易适度。提问适度，就是要掌握好难易间的“度”。问题太易，学生脱口而答，无法引起思考，对培养学生思维能力不利；问题太难，学生难以下手，造成心理压力，效果适得其反。教师提问要把握学生“最近发展区”。具体地说，就是学生对老师提出的问题“跳起来能摘到桃子”。

（2）态度友好从容。教师应以愉快、友好、从容、谈话式的态度来进行课堂提问，使学生在轻松、自由、和谐的气氛中，愉悦地主动积极地思考和回答问题。教师提出问题，学生一时回答不出，教师要善于补充提出一些起引路作用的问题。学生实在回答不出，不要强迫他回答，可让他坐下注意其他同学的回答，再让他用自己的话复述一遍。学生最反感惩罚式提问。

（3）面向全班学生。一般情况下，教师先提出问题，让全班学生思考，再指定某个学生或让学生主动举手回答。重要的问题，可多叫几个学生回答，回答以后，还可叫其他学生议论补充；难度大或是引路性问题，可找优等生回答；难度小的问题可提问学习基础较差的学生；属于了解学生知识掌握情况的问题，可侧重提问一般学生和学困生。课堂教学一般不宜按次序提问，也不宜齐答式提问。

（4）准备充分，节约时间。具体要求是：①问题要扣紧主次，要求要十分明确，不使学生费解、曲解；②课堂上大部分的提问应以备课时设计的问题为主，小部分问题可临场发挥；③事先对学生的可能回答要作估计，并想好怎样将学生的思路引回教师所要讲的问题；④学生对问题的理解产生了偏离时，如果对理解本课教学内容不十分必要，可留到课后解答，以防止节外生枝，浪费时间。

（5）给学生必要的时间。教师提出问题后，一般要停顿一定的时间，让学生思考后再回答。通常对比较简单的铺垫性、过渡性的问题，或为了考查学生对某个问题的熟练程度和反应速度的，停顿时间可以短些；对比较关键的问题或为了巩固复习而提出的问题，停顿的时间可稍长一些；对较重要的问题提出后，要让学生思考较长一段时间后再叫学生回答。

（6）正确对待学生的答问。教师对学生的回答，首先要注意倾听，其次要针对学生回答问题的内容，进行恰当的评价。对学生经过独立思考并有创见的回答应及时肯定；对和教师预期的答案不同的回答，如确有道理也应该肯定；如果学生解答的根据待考证，可以作为不同理解，留请大家课后思考；如果学生答错了，经过补问、启发仍答得不怎么完整，可请别的同学纠正或补充，教师要帮助学生找出错误原因，不能讽刺、讥笑学生；如果学生对某些基本概念答得不准确，找人补充也不完整，教师可做补讲；学生一时答不出，绝对不要用“这么简单都答不上，真笨”之类的话伤害学生的自尊心，而应以“不着急，再想想”“暂时答不出，没关系，坐下再想想”等亲切话语去抚慰学生心灵。

（七）关于教学反馈

详见本书“教改实验”篇。

（八）关于教学手段

将现代信息技术应用到教学过程中去，可使教学形象直观，容量密度大，拓展了教学空间，有利于激发学生学习兴趣，有利于因材施教，有利于提高教学效率，学生可以全方位、多渠道地掌握知识。比起过去那种完全靠一本书、一块黑板、一张嘴巴、一根粉笔的教学不知要好上多少倍。当前，运用多媒体进行教学已成为一种时尚，应该说这是好事情。但是，在这个过程中，依然存在一些不恰当的认识与做法。

1. 运用多媒体教学的误区

（1）认识上的误区。有的老师，尤其是年轻老师，喜欢不加选择地使用多媒体教学，特别是一些公开课、观摩课、考核课、实验课、教研课，必使用多媒体进行教学，认为这才是与时俱进。一旦没有使用多媒体教学，就会觉得这种课明显低了一个档次，甚至会觉得就不是课改的课。所以，有的老师，特别是上了年纪的老教师害怕上公开课，担心会被他人说闲话。

（2）功能上的误区。没有真正发挥多媒体辅助教学的作用，而是想用多媒体教学取代传统教学。有的课，教师像机器人似的，在课堂上充当电影放映员的作用，只是不断地点击鼠标，不断地播放准备好的各种课件，有时教师也做些解说或点拨一下，或让学生讨论一番，但目的是让学生更好地配合教师完成事先准备好的课件与教学任务，学生并没有真正自主地进行合作与探究，师生之间缺乏情感的交流，是用“机灌”代替“人灌”。

2. 提高运用多媒体教学实效性的建议

（1）不能以多媒体教学取代传统教学，只能运用多媒体辅助教学。并不是所有的课都必须或都适用于多媒体教学的。尤其是课件资源不能不加选择地采取“拿来主义”，而是要针对教学内容和学生实际进行精心安排、精心设计，做到恰到好处。

（2）不要追求形式上的容量与密度。使用多媒体教学，教学内容不是“多多亦善”，否则就会变成变相的满堂灌、注入式，即把“人灌”改为“机灌”。尤其是在使用多媒体语言时，不能丢了口语、体态语和必要的板书，要努力做到情感交流、操作演示、讲解启发、讨论练习等有机结合。

（3）要提高多媒体教学的效率。如在演播视听材料之前，要告诉学生必须看什么，听什么，达到什么目的，使学生有明确的看或听的要求；要掌握正确的演播方法，保证演播有良好的视听效果，做到图像清晰明亮，声音清楚，音量适度，声画同步；演播要做到适时、适量，符合学生的认识规律，先演播什么，后演播什么，怎样演播，演播的时间要多长等，都要十分讲究、周密考虑；要加强视听的指导，如观察指导、听音指导、思维指导等。

（九）关于教学时间

新的课程改革提倡课堂教学的开放性，学生的自主学习要时间、合作讨论要时间、问题探究要时间、练习巩固要时间，为此，许多教师感到课堂教学时间不够用，影响了课堂教学效率的提高。实际上，许多课堂教学时间不够用、教学效率不高的现象并非全是因为课改要求教学开放性而造成的，更多是因为教师精心安排、科学利用时间不够所造成的。

1. 课堂教学时间利用率不高的主要表现

（1）前松后紧。有的课堂教师花去十几分钟甚至更长时间来复习旧课与引入新课，有的为了创设教学情境，花去大半节课时间，从而造成新课重点教学内容的学习与巩固没有时间保证，只好草草收场，吃“夹生饭”。这样，下节课又要花更多的时间去复习，形成恶性循环。

（2）随意性大。备课时缺乏精打细算，计划性不强，所以上课时就只能讲到哪里算哪里，重点、难点教学内容没有时间来保证，课堂“最佳教学时间”利用率不高。

（3）两（三）段论。有的课，表面看是在追求讲练结合，前半段时间老师讲解，后半段时间学生练习；或前半段时间学生练习（或探究），后半段时间教师讲解。有的课，学生自主学习、教师讲解、巩固练习所占时间各三分之一。

（4）缺乏科学性。有的课为了充分利用时间，上课铃一响，在学生注意力还没有集中时教师就开讲新课内容，从而影响学生听课效率。

2. 提高课堂教学时间的有效性的建议

一节课的时间是有限的，而且是十分宝贵的，如何提高课堂教学时间的有效性呢？

根据学生的学习心理、记忆规律和优选法的“黄金分割”知识以及优秀教师的经验，一节课的时间大致上可以做如下安排：

（1）课端约 5 分钟。由于学生课前、课间活动刚结束，思想和情绪还未恢复平静，他们所想的还是课前或课间的活动的许多内容。所以，这段时间里教师不宜立即讲新课，而应安排能够使学生情绪和思想尽快安静下来、注意力尽快集中起来的一些活动。如安排“预学检查”“新课导学”等。

（2）课中约 25 分钟。这是学生掌握知识的最佳时间。在这段最佳时间里，又有一段黄金时刻（即课开始的第六分钟至第二十分钟），这一时刻学生精力最充沛，注意力最集中，思维最敏捷，是学习掌握新知识的最好时刻，因此这段宝贵时间要特别充分地利用好，师生都得高度集中注意力，突出教学重点，突破教学难点，解决教学中关键性的问题，教学的节奏感要强，容量密度要大（即要把握课堂教学的第一次高潮）。如安排“自学展示”“师生精讲”等。

（3）课末约 15 分钟。在这段时间里，不少学生注意力又开始不自觉地转移，有的开始与同学讲话，有的开始搞小动作，有的开始想课前课后的事情。所以，在这段时间里，不宜继续讲课，应安排让学生能充分动眼、动口、动脑、动笔、动手的活动

（即要创设课堂教学的第二次高潮）。如安排“精练反馈”“评价小结”等。

课堂内的每一分钟都应该精打细算，力争做到每一分钟都让学生有事情做，每一分钟都让学生有所得。若每节课浪费 5 分钟，一个星期下来就要浪费 175 分钟，约 4 节课的时间；一个学期下来就要浪费约 60 个小时、80 节课的时间，那是很惊人的数字。

另外，在有限的课堂 45（40）分钟时间内，只有限制教师“讲”的时间，才能保障学生“学”的时间。既然要求教师讲得少，教师就会想办法做到讲得精、讲到点子上；只有教师讲得少了，学生才能读得多、练得多、学得多。

（十）关于教学评价

新课程提倡：评价不仅要关注教与学的结果，更要关注教与学的过程；不仅要关注教与学的共性，更要关注教与学的个性；不仅要关注学生学业成绩，更要关注学生一般意义上的成长；评价不只是为了甄别，更重要的是为了促进学生的发展。新课程的这些要求在当前教学评价的实践中还是存在相当差距的。

1. 关于教学评价低效的主要表现

（1）传统、单一的学生评价观仍占主导地位。多数老师看重的仍是学生是否听话、“双基”是否扎实、考试分数是否有提高。只要学生课堂上遵守纪律，注意听讲，能配合老师的讲课，回答问题正确，课堂练习做得又快又对，基础知识、基本技能扎实，考试分数高，就自然会受到老师的表扬。而那些课堂上思维活跃，爱提问题、爱插嘴，喜欢打破砂锅问到底的，或不会回答老师的问题或回答问题不完整的学生，就有可能令老师讨厌，甚至受到指责或批评。

（2）滥用激励性、表扬性的语言、符号或表情。有的老师一节课里频繁地使用“很好”“好极了”“真聪明”“真棒”“真行”等语言，或不断地鼓掌、不断画红旗，有的甚至用物质的东西来刺激学生。这种随意的、不客观的、超值的评价，失去了鼓励、赞赏应有的意义和价值，使得有的学生产生惰性或过于兴奋与激动，从而影响学习效率的提高。

2. 提高教学评价有效性的建议

（1）要全面、多元地评价学生。新课程要求我们从德、智、体、美等方面全面、多元、综合地评价学生，不仅要注意学生“双基”掌握情况的评价，更要注意学生智能发展的评价；不仅要注意学生创造潜能的评价，更要注意学生情感、态度、价值观以及身体素质的评价。但全面发展不等于平均发展，学生之间的差异又是客观存在的，要用多把尺子去衡量学生，要重视学生个性特长的培养与评价。

（2）要改革学生评价的方式方法。要从单一的纸笔考试逐步走向开放与多样，努力做到口试、面试、实践操作与笔试相结合。试题不仅要关注学生解题的技巧和速度，更要关注学生解题的策略，也不应一味追求所谓的知识点的覆盖面，导致试卷量大、繁难。要采取学生自评与互评、教师评价与家长评价、形成性评价与终结性评价、成长记录袋与课堂观察、管理评价与激励评价、改进建议与发展方向等多种形式，改变那种单独由教师评价学生的方式，倡导管理者、教师、家长、学生共同参与的多主体评价。在义务教育阶段，特别是在小学阶段要逐步取消百分制，实行等级制，或采取“等级 + 特长 + 评语”的评价方法。

（3）要注意评价的激励功能。尽管在一定的情形下适度的批评和惩罚对促进学习是有效的，但一般来说表扬、鼓励、奖励要比批评、指责、惩罚更能有效地激发学生的学习动机。心理学家曾把 100 名四五年级的学生分成 4 个组，在 4 种不同诱因的情况下进行加法练习，每天 15 分钟，共进行 5 天。第一组为受表扬组，每次练习后给予表扬和鼓励；第二组为受训斥组，每次练习后，严加训斥；第三组为观察组，每次练习后，既不给予表扬，也不给予批评，完全不注意他们，只让其静听其他两组受表扬和受批评；第四组为控制组，让他们与另外三组学生隔离，单独练习，不予任何评价。最后测评他们的成绩，就学习的平均成绩来看，其他三个实验组的成绩均优于控制组，受表扬组和受训斥组的成绩又明显优于观察组，而受表扬组的成绩不断上升。这表明对学习结果进行评价，能强化学习动机，对学习起促进作用。适当表扬的效果明显优于批评，而批评的效果比没有评价好。

事实证明，如果一个学生的学习从来不受到老师的肯定、关注、表扬，那么这个学生很快就会失去学习的动力。但是，这并不意味着表扬和奖励可以滥用。对学生进步的认可与赞扬，除了要有普遍性之外，还要有针对性。就是一定要针对学生真正的进步与成就，不要太随意。鼓励、赞赏必须建立在客观评价的基础上，如果离开了客观评价，鼓励、赞赏就会失去应有的意义和价值。

听课——
努力做到“六个字”

（一）听课的步骤与方法

1. 教师听课一般按下面三个步骤来进行

（1）做好听课前的必要准备

① 正确认识课堂，把握课堂特点；

② 反思自己的教学观念；

③ 了解学科及任课教师特点；

④ 了解班级、学生的有关情况；

⑤ 选择听课记录的方式方法，准备听课记录的工具。

（2）做好听课中的观察和记录

① 提前 3 ～ 5 分钟进入课堂：观察学生状态，与任课教师和学生攀谈，了解有关情况，选择自己要坐的恰当位置，画出几幅教室课桌椅草图，以备使用。

② 上课开始：听课者要进入紧张的观察状态，如观察师生的

特点、师生的语言（含体态语）交流、活动类型、课堂的管理、教学辅助手段的使用、认知与情感水平、教学材料的使用、各教学环节所用时间等。

③ 做好必要的、恰当的记录与过程评议。

④ 下课后的继续观察：与学生攀谈，观察学生的表情，进一步了解其学习情况。

（3）听课后的整理与分析

① 浏览、补充听课记录；

② 根据已掌握的有关信息，对有关问题进行较深入思考；

③ 采用恰当的评议方法，写出对本节课的评议意见。

2. 教师听课要做到以下几个字：听、看、记、思、谈、写

（1）听

首先，听上课老师是怎样讲的。如：是怎样复习旧知识的？是怎样叙述教学目标的？是怎样创设情境的？是怎样引入新知识的？是怎样讲授新课内容的？是怎样突出重点、突破难点的？是怎样启发学生思维与提问的？是怎样指导学习方法与养成良好习惯的？是怎样组织学生开展讨论的？是怎样巩固新课知识的？是怎样结尾小结的？是怎样布置作业的？

其次，听学生是怎样讲的。如：是怎样回答问题的？是怎样提出问题的？是怎样思考问题和解决问题的？是怎样讨论问题的？

（2）看

首先，看上课老师。如，看上课老师的精神面貌，看上课老师的教态，看上课老师和学生的感情交流，看上课老师的基本功，

看上课老师的板书板画和体语，看上课教师使用教具与现代化教学手段，看上课老师的教学时间分配，看教学是否有层次要求，看学习困难生是否学有所得；还要看课堂的气氛，如看学生学习的主动性、积极性是否调动起来了，是否在教师的引导下积极参与到学习活动中来，注意力是否集中，思维是否活跃，多数学生是否乐于参与思考、讨论、提问、争辩、动手操作。

其次，还要看学生的板演与练习，看学生的学习方式、学习态度和学习习惯，等等。

（3）记

就是记录听课时听到的、看到的、想到的。“记”包含两个方面的内容：教学实录和教学评点。

教学实录要记的内容是：①听课的日期、节次、班级、学科、执教者、课题、课型、第几课时；②教学的主要过程，包括教学环节、教学内容、教学方法及教学时间分配等（多以记板书为主）；③学生在课上的主要活动情况；④教学效果。

课堂实录有三种形式：①简录（简要记录教学步骤、方法、板书等）；②详录（比较详细地把教学步骤都记下来）；③记实（把整个教学过程，包括师生所有活动与对话都记录下来）。教学实录写在听课笔记本每页的左边。

教学评点要记的内容是：①本节课在教学思想、德育渗透、“双基”教学、学法指导、能力培养、教材处理、教法改革、教学手段运用等方面的做法、效果；②听课者对以上各个方面或某一方面做法的过程评析意见；③听课者对这堂课的总的评价及建议。

教学评点有两种形式：①边记做法、过程边分点写评析意见，最后写总评意见及建议；②先只记过程做法、效果，不做过程评析，待课结束时写总评意见及建议。教学评点写在听课笔记本的右边，总评意见写在最后。

（4）思

就是想一想：这堂课有什么特色？教学思想是否端正？教学目标是否明确？教学结构是否科学？教学重点是否突出？难点是否突破？注意点是否强调？教学基本功是否扎实？板书是否合理？教态是否自然而亲切？教学手段是否先进？教法是否灵活？学生学习的主动性、积极性是否得到充分的调动？寓德育、美育于教学之中是否恰到好处？教学效果是否好？“双基”是否扎实？能力是否得到培养？有哪些突出的优点和较大的失误？

（5）谈

就是和被听课老师与学生交谈。可先请上课老师谈这节课的教学设计与感受，再请学生谈这节课的收获与不足，然后再由听课老师谈自己对这节课总的看法，谈这节课的特色，谈听完这节课所受到的启迪与所学到的经验，谈这节课的不足之处，谈自己的思考与建议。在这一过程中听课者要善于进行分析、比较，准确地评价各种教学方法的长处和短处，还要注意分析执教者课外的功夫，关注执教者的教学基本功和课前准备情况。

（6）写

就是通过整理听课笔记，结合以上内容进一步思考，看看通过这次听课有哪些收获，有什么启示，然后写出心得体会或者论文。

（二）听课要注意的问题

1. 听课之前要有所准备

听课前要做到：（1）掌握课程标准要求和熟悉教材内容，要带上课标、教材和听课笔记本，有时还要带上有关的表格与录音录像设备等。同时设想一下：假如是我执教这一节课，我该怎样上。（2）要了解上课老师的教学经历、教学态度、教学风格或特色，并比较一下，本人与其相同点、不同点在哪。（3）要了解被听课班级学生的一般情况，如学风、学习基础等。这样听起课来就比较心中有数，听课效果就更好。听课者如果听课前不做准备，而是匆匆忙忙走进教室，懵懵懂懂地听课，不了解教者和学生情况，不熟悉教材，就不会有较好的收获。

2. 听课态度要端正

听课要做到五心：诚心、虚心、专心、细心、公心。要提前3～5分钟进入课堂，进入课堂后要高度集中注意力，做到认真听、仔细看、重点记、多思考。听课期间不要走动太频繁，不要东张西望，不要思想开小差，不要打瞌睡，不要干扰学生学习，不要干扰老师上课。听课位置可在学生最后一排（虽然不影响学生，但看不清学生的表情）；也可在学生最前排（虽然看得清学生的表情，但多少会影响学生的情绪与注意力）；最好是选择在教室两旁的中间偏后的位置，这样，既便于观察师生的教与学，又不会给学生造成太大影响。

3. 听课记录要详略得当

听课时要把注意力集中到听、看和思考上，不能把精力集中到记录上，变成书记员、录音机。记录要有重点，要详略得当，教学过程可作简明扼要的记录，对授课教师授课过程中符合教学规律的好的做法或存在的不足的问题可作较详细记录，并加批注。听课者在课堂上要仔细捕捉上课者的语言和表情，抓住主要的东西来记，要避免记成“流水账”。

4. 听课后要交换意见

听课者要先浏览听课笔记，再从自己角度出发，对授课者的整体教学情况、过程及效果进行思考，在此基础上及时和上课老师交谈或交换意见。交换意见时应抓住重点，多谈优点和经验，做到明确的问题不含糊，吃不住的问题不回避，要特别注意授课者的可接受性，切忌信口开河、滔滔不绝、夸夸其谈。

5. 听课还要特别注意以下两点

（1）不仅要关注教师的教，更要关注学生的学

对于教师的教学活动，听课者应该关注：①课堂教学确定怎样的教学目标，目标在何时、采用何种方式呈现；②如何引导学生复习回顾，回顾什么；③新课如何导入，包括导入时引导学生参与哪些活动；④创设了怎样的教学情境，采用了哪些教学手段；⑤设计哪些问题让学生进行探究，如何探究（设计活动步骤）；⑥设计怎样的问题或情境引导学生对新课内容和已有的知识进行整合；⑦安排哪些练习让学生动手练，使所学知识得以迁移巩固；⑧课堂教学氛围如何，教学效果如何。

对于学生的学习活动，听课者应该关注：①学生是否在教师的引导下积极主动地参与到学习活动中；②学习活动中学生经常做出怎样的情绪反应；③学生是否乐于参与思考、讨论、争辩、

动手操作；④学生是否经常积极主动地提出问题、分析问题和解决问题，等等。由于课堂教学的本质是学而不是教，因此，在关注教与学双边活动时，更要关注学生的活动。

（2）要把听课者定位为教学活动的参与者、组织者，而不是旁观者

如果听课者把自己定义为课堂教学的旁观者，听课前无充分准备，听课过程中无视学生的课堂活动，不重视收集学生课堂反馈信息，那么，听课者就无法获取学生全面的、真实的课堂表现。只有有“备”而听，并参与到教学活动中，和授课教师一起参与课堂教学活动的组织（主要是指听课者参与学习活动的组织、辅导、答疑和交流），并尽可能以学生的身份（模拟学生的思路、知识水平和认知方式）参与到学习活动中，才能获取第一手的材料，从而为客观、公正、全面地评价一堂课奠定基础。

评课——
不仅要关注教，更要关注学

1. 把握要求

要评好课，毫无疑问必须把握国家新课程改革的基本要求。那么，以课程改革新理念为背景的课堂教学应该把握住些什么呢？从教学论的角度来看，应该把握以下要求：

（1）教学思想方面

从“四个偏重、四个忽视”向“面向全体、全面发展、主动发展”转变。

“四个偏重、四个忽视”即偏重少数尖子学生，忽视大多数学生；偏重知识灌输，忽视学生全面发展；偏重考试分数，忽视学生能力培养与学生特长发挥；偏重教师主导作用，忽视学生主体地位。

（2）教学目标方面

从注重“基础知识与基本技能”教学的单一目标向同时注重“基

础知识与基本技能、过程与方法、情感态度价值观”的三维目标转变。

（3）教学内容方面

从“繁、难、偏、旧”和过于注重书本知识向“加强课程内容与学生生活以及现代社会和科技发展的联系”转变。

（4）教学语言方面

从单一的口头语言向“恰当地使用情感语言、体态语言、板书语言、电教语言”转变。

（5）教学形式方面

从传统单一的班级授课形式向“班级授课与分层教学、分组教学、个别化教学相结合”的多种教学形式转变。

（6）教学方式方面

从传统的“满堂灌注入式”教学方式向“启发式、导学式、探究式、讲解式、讨论式、练习式、课题式、讲座式”教学方式转变。

（7）教学时间方面

从课堂教学时间利用率不高（前松后紧、随意性大、缺乏科学性等）向精心安排、科学利用45分钟转变。

（8）教学手段方面

从过去那种完全靠“一本书、一块黑板、一张嘴、一根粉笔”的传统落后的教学手段向“广泛运用现代信息技术于课堂的多媒体教学、网络教学”转变。

（9）教学评价方面

从单纯以学生考试成绩来评价学生优劣的落后评价观向“以促进学生发展为目的的全面地、多元地评价学生”转变。

（10）教学效果方面

从过去的只关注“双基”目标达成度向“三维”目标达成度转变；从只关注少数“尖子生”发展向促进每一个学生发展转变。

2. 选择方法

（1）整体评议法

整体评议法就是对一堂课的优劣进行整体、全面评析。也就是从教学思想是否端正、教材处理是否得当、教学结构是否科学、教法选择是否灵活、学法指导是否到位、“双基”教学是否扎实、能力培养是否重视、教学手段是否先进、师生关系是否融洽、教学效果是否良好等各个方面（或直接根据以上 10 条要求）进行全方位的评价分析。一般对观摩型、检查型、鉴定型的课较多地使用整体评议法评课。

使用整体评议法评课能够全面、系统地对一堂课的质量做出客观公正的评价，能够对一堂课的特色、成功之处、经验之谈、缺点所在进行深入、细致的剖析。用整体评议法评课，有利于授课者全面总结经验、发扬优点、克服不足、改革教学；有利于学习者全面借鉴经验、取长补短、提高自我；有利于领导全面掌握授课老师的课堂教学基本情况。但是，整体评议法评课容易面面俱到，而且费时较多，可能会引起旁听者的厌烦。因此，在运用整体法评课时还必须注意突出重点，不面面俱到，并把握好评课的时间。

（2）片断评议法

片断评议法就是对一堂课的某个片断从某个方面进行有针对

性的评析。如可以对教师的引入环节、讲授环节、巩固环节或学生的自学环节、动手环节、讨论环节、练习环节中的某些片断，就教学的观念、师生的关系、教法的选择、学法的指导、能力的培养、教材的处理、媒体的使用等某个方面或几个方面进行较深入的评价分析。片断评议法较多地运用于研讨型、诊断型、相互型、观摩型的评课。

使用片断评议法评课虽然是对某个教学片断进行评析，但是窥其一点，可见一斑，通过突出对某个片断的深入透彻评析，也可以反映出整堂课的基本情况。由于片断评议法只是对某个教学片断进行评析，所以可节省时间，但要防止只见树木不见森林。

（3）探讨评议法

探讨评议法就是对一堂课中出现的某些新事物（如新教法、新学法、新专题）或某些把握不住的新问题进行探讨性评析。如当前在实施新课程的过程中如何处理好面向全体与因材施教、全面发展与个性特长充分发挥、打好基础与创新能力培养、教师主导与学生主体、教学任务与教学进度、课堂开放与课堂纪律、传统教学方式与现代教学方式、传统学习方式与现代学习方式等的关系问题是非常值得探讨的。如有的把创新能力培养与扎实打好基础对立起来，忽视了基础知识教学；有的把减轻学生过重负担简单地看成减少内容、降低难度、少做作业、取消考试；有的认为运用了电化教学就可以不用板书了；有的认为小组讨论就是合作学习，等等。这些都是值得深入探讨的问题。听课者可以结合所看到的课堂教学表象与个人教学过程中存在的类似问题，进行多向互动式的交流与探讨。也可把困扰自己平常教学的问题、新课改中出现的新问题抛出来，让所有评课者提出各自的看法，以期形成解决问题的可行性方案或决策。

运用探讨评议法评课，有利于学术讨论氛围的形成，有利于澄清一些模糊或错误的认识与做法；有利于新思想、新方法的确立。这种评课法将大大加强评课教师之间的横向经验交流，对新教师快速掌握教学基本原则与一般规律行之有效。探讨评议法特别适合研讨型、相互型的评课。

（4）特色评议法

特色评议法就是指对一堂课中的某些与众不同、新颖独特的好做法与新创举进行评析。如在新课引入、突出重点、突破难点、动手操作、启发诱导、培养能力、指导学法、创设情境、小组互助、分层要求、分类推进等方面，许多课堂教学都非常有特色，值得评课者认真评析。运用特色评议法评课，首先要求评课者能够发现授课者的特色所在，哪些方面与众不同，哪些地方有创新；其次要分析这些“特色”是否对教学起到积极作用，是否符合现代教学要求，是否符合教与学规律，是否哗众取宠，摆花架子。

特色评议法有利于鼓励教师走教学创新的路子，有利于发现教师的新经验、新模式、新方法。特色评议法特别适合研讨型、观摩型的评课。

（5）重点评议法

评课者要抓住本节课要解决的主要问题、课堂教学中的主要问题、课堂教学主要目标等进行重点评议。其他方面的次要问题只作简略评述即可。新课程下的课堂教学主要是以学生在课堂上的表现为主，以学生的思维量、信息量、训练量、参与量与成功体验量来衡量课堂教学的效果。因此，评议时要把学生表现作为主要内容，要改变以往“重教师教学、轻学生学法”的评议模式。重点评议法较适合于研讨型、检查型、相互型、观摩型的评课。

使用重点评议法虽然是对某个教学主要问题进行评析，但是，抓住了重点，就能带动一般，通过突出对某个重点的深入透彻评析，也可以看出整堂课的基本情况。重点评议法还可节省时间。

（6）交流互动法

听课教师与授课教师之间、听课教师之间，用组织者预先提出的问题或每位教师各自事先准备的问题，各抒己见，进行交流互动。交流探讨的问题既可以是本节课的教材处理问题，也可以是整个单元、整个教材的处理问题；既可以是具体的章节教学问题，也可以是学科教学策略、教学方式、教学方法、教学一般规律的交流研讨。这种评课法的特点是不以课论课，而是以课例为话题探索学科教学的普遍规律。

交流互动法较适合于研讨型、相互型的评课。

（7）经验总结法

经验总结法就是对优秀教师、老教师的教学经验进行总结评析。运用经验总结法，首先要能够认识授课者的经验是什么，如在教学指导思想方面，是如何做到既面向全体、全面发展，又分层要求、分类推进的；在教学业务水平方面，是如何深入挖掘教材的深度，使教学重点突出，难点分散的；是如何根据学生实际情况精心设置疑问与悬念，使学生兴趣浓厚、思维活跃，积极参与教学过程的；是如何在教学的各个环节精心设计、讲究艺术的。其次，要善于鉴别授课者的经验是否具有先进性与科学性，是否具有实用性与可行性。也就是说，这种经验是否能以现代教学理论为指导，是否反映了现代教学思想，是否符合现代教学论要求，是否符合学校、学生及教师本身的实际情况。因此，评课者在认真听课的基础上，还必须对提炼出来的初步经验，经过一番认真的思考与加工，也就是说，要通过分析、综合、抽象、概括，从部分到整体、从现象到本质地深化自己的认识，揣摩教学过程的精心安排，从而抓住经验的本质，并把它上升到理论高度，找到理论依据。这样总结出来的经验才是有价值的。

经验总结法评课特别适用于观摩型、评优型的评课。

（8）表格评议法

表格评议法就是根据好课的标准，制定一个比较科学、全面的课堂教学评价表格（细则），并根据这个评价表格（细则）评价一堂课的优劣。评价表（细则）的内容与形式、科学性与全面性很难有一个统一的尺度，一般来说从以下几个方面去考虑：①教学目标的确定；②教材内容的组织；③教法的选择；④学法的指导；⑤师生间的关系；⑥教学手段的使用；⑦教学的特色；⑧教学效果等。表格评议法能较科学、全面地评价一堂课的优劣，较适合于评判型、鉴定型的评课。但由于评价表格内容要涉及方方面面，所以对一堂课中的某些特色或经验难以充分体现。

课堂教学评价表（试用）

任教教师　　　　年级　　　　班级　　　　学科　　　　日期

课题　　　　　　　　　　　　　　　　　　课型　　　　评价人

评价目标	评价内容	权重分	评价结果			项目分
			A	B	C	
目标与内容（10分）	1. 教学目标全面、具体、明确，既符合大纲（课标）要求，又符合学生实际，分层次要求	5分	5	4	3	
	2. 教学内容来自多种课程资源，既能面向全体学生又能兼顾个别差异	5分	5	4	3	
教学过程（50分）	3. 创设民主平等、宽松自由、严而有格的教学环境	5分	5	4	3	
	4. 统一、分层、分组、个别化教学多种形式有机结合，让学生积极主动参与教学过程	5分	5	4	3	
	5. 启发式、讨论式、导学式、探究式、讲解式等多种方式方法灵活运用，落实自主、合作、探究学习	10分	10	8	6	
	6. 导学启思，精讲精练，突出重点，抓住关键，落实“双基”，注重动手，发展能力	10分	10	8	6	
	7. 教学信息多向有效交流，教学信息及时反馈、及时评价、及时矫正、及时调控	5分	5	4	3	
	8. 精心安排45分钟，充分利用最佳时间（约25分钟）和黄金时刻(15分钟)，不拖堂	5分	5	4	3	
	9. 教学内容呈现方式多样，充分利用现代信息技术，形象直观，容量密度恰当	5分	5	4	3	

续表

	10. 发挥教学评价功能，采用教师评价、学生自评、学生互评多种方式，激励学生学习	5分	5	4	3	
教学基本功（20分）	11. 教学语言（口语、书面语、电教语、体态语）规范、简洁、生动、有趣、有情	10分	10	8	6	
	12. 调控能力和应变能力强，教学有个性，形成特色与风格	10分	10	8	6	
教学效果（20分）	13. 学生主体地位得到确立，参与面广，学习信心足、求知欲强、兴趣浓厚，课堂气氛活跃	10分	10	8	6	
	14. 教学目标达成度好，各种层次的学生都能学有所得，口头、书面、实践作业正确率高	10分	10	8	6	

注：90分以上为优，80分以上为良，70分以上为中，70分以下为差。

（9）集体评议法

评课的形式主要有两大类，一类是个人评课，就是指听课者无论以什么身份出现（或同事或专家或集体成员之一），都必须对所听的课做出自己的评价。前面所介绍的几种方法都是个人评课常用的方法。个人评课所受的限制较少，可以较自由地表达自己的看法与意见。但个人评课往往与个人的素质水平有关，容易带上个人观点，容易产生片面性。另一种评课形式就是集体（小组）评课。凡是评判性（如优质课评选）、鉴定性（新教师考核、教改实验课验收）的课都必须采取集体（小组）评课形式。这种形式能较全面、科学、客观、公正地对一堂课做出评价。其一般步骤如下：

①建立评估小组。评估小组要挑选业务水平高、评议能力强，

大公无私、作风正派的人参加，人数 5 ~ 9 人为宜。组长要由教育理论水平高，对课堂教学评估有一定研究，工作认真负责，有较强组织工作能力的专家或老师担任。

②学习标准试评。评估前要组织评估小组成员学习课堂教学评价标准和评分办法，学习体现各学科课堂教学特点的不同要求，看先进地区优秀教师录像课，进行试评。试评中发现标准要求不恰当的地方，经大家讨论可以修改，评议时要以修改后定下的统一标准和办法为准，标准要求和办法一经讨论确定，在评价中就不能随意改动。

③听课抽测评议。听课前评估小组全体老师要事先了解课程标准和课本以及讲课老师的当堂教案，熟悉教材内容和应达到的教学目标，由专人命好课后测验试题，然后进行听课。课堂上评议人员要按标准要求观察记录好讲课教师和听课学生的实际表现，下课后立即抽部分学生进行测验，抽部分学生填写《课堂教学评估学生调查表》，这些工作进行完后即可开评议会。凡参加听课的老师都要参加评议会，评议会开始要先请讲课教师谈谈他备课时的想法、讲课后的体会或反思。评议时要根据课堂实际情况，学生测验成绩，讲课教师的想法、体会等实事求是地进行评议，探讨上好一节课的方法和规律，这样在大家的评议启发下，相互学习，大家都会学到改革教学、提高效率、提高质量的好办法。总之，要把每一次评议会都开成一个课堂教学研讨会，从而提高教学水平，提高研究水平。

④客观评判给分。评议人员要在经过听课、评议会后按标准要求和讲课教师在课堂上的实际表现评判给分，评定时一律以参

加评议人员评价表上所打分数为准，以总平均分的高低鉴定优劣。统计分数时最好去掉一个最高分和一个最低分，这样比较客观。

此外，还有庭辩型评课、书评型评课、网络型评课等。

3. 认真听课

听课是评课的前提，只有认真听课才能进行客观的评课。

4. 讲究艺术

由于每位评课者的能力水平、性格爱好、自身修养存在差异，所以评课过程中常常会出现一些问题：

（1）不负责任。一种情况是，怕得罪人，有碍情面，所以评课敷衍了事，走过场。不说好，不说坏，免得惹人怪。这种评课大部分是虚假的评议，只讲优点，不讲缺点。另一种情况是，不顾场合，不顾后果，信口开河，说完为快。有的评课者喜欢吹毛求疵，指这责那，鸡蛋里挑骨头，有的甚至挖苦讽刺。

（2）平淡肤浅。有的听课者听了一节课后，看不出什么问题，笔记上没写什么，只是笼统地认为“这节课教得不错”，或者说“这堂课教得很差”。有的评课者虽提了不少意见，但多半是枝节问题，如字写得如何，声音大小如何，教态如何，拿教鞭的姿势如何，图表悬挂的高低如何，等等。总之，评议平淡肤浅，泛泛而谈，触及不到实质性问题。

（3）参评面窄。评议会上评的人少，看的人多。为了避免冷场，组织者只好指名道姓发言，由于发言面不广，且大多属于被动发言，因此，评课场面冷清，难以形成各抒己见、畅所欲言的热烈气氛，达不到评课的真正目的。

（4）评“新”弃“旧”。眼下冠以“新方法”“新结构”“新课型”的课多起来了。于是，凡是有“新”东西的地方就门庭若市，评课时反响热烈，而对传统的东西不屑一顾。显然，这也是不妥当的。

教师都是知识分子，知识分子是爱面子的，所以评课必须讲究艺术，一般来说要注意以下几点：

（1）不轻易下结论。要从课堂教学特点和班级及学生实际出发，实事求是地、公开地评价一节课，不要轻易地给一节课下“成功课”或“失败课”的评语，切忌一次定论、一锤定音，切忌带个人倾向，切忌根据个人好恶给一节课下结论。

（2）以肯定为主。评课要以肯定成绩为主，以帮助提高为主，以鼓励改革实验为主。提出问题、提出建议不仅要客观公正，还要考虑上课者的心理接受能力。不能不顾场合，不顾后果，挖苦讽刺，指这责那或乱“放炮”。要使上课老师听完评课后感到有奔头、有想头、有劲头。

（3）不居高临下。评课者要以虚心的态度、商量的口气与上课老师共同分析研究，不要趾高气扬，不要居高临下，不能以检查者或老教师的身份自居，更不能把自己的观点强加在人家头上。在听课中无论是发现了优点还是缺点，好的经验还是存在的问题，都必须问个为什么，看它和什么事物有内在联系，从而更加有针对性地进行评课。

（4）要突出重点。要集中主要问题进行评议和研究，如教学思想问题、学法指导问题、能力培养问题。不要面面俱到，泛泛而谈。

要抓住具有代表性的典型事例进行具体分析，不要太笼统。如说某课重点不突出，就要帮助人家找出重点，并提出如何突出重点。

（5）尽可能量化分析。在定量定性的分析判断中，尽可能按量化的数据（采用课堂教学评价表），从整体联系的事实与实例中进行评课，这样才有说服力，才容易达到评课的目的。

（6）做好调查研究。尽可能在评课之前较全面地了解被评课者的政治思想素质、业务能力水平、个性心理等。还要尽可能地了解被听课班级的班风、学风及学生学习情况。这样评起课来针对性就更强。

（7）要实事求是。要客观公正地评课，不要只说好话，或者互相吹捧，不敢涉及问题，不敢发表不同意见。当然也不要随心所欲，不负责任地乱说；更不要当面不说，背后乱说，影响同事关系。

（8）要拟好提纲。无论有组织、有目的的正规性的评课，还是同事间相互听课后的评课，都应该拟好提纲，这样做可以克服评课的随意性和盲目性，可以使评课更具科学性与针对性。拟提纲之前，应先对所听的课进行较全面的回顾，再看看教材，翻翻听课笔记，并参考上课教师对这一节课的自评情况和学生的评价情况，在认真分析思考的基础上，拟出评课的提纲。

可根据评课各种不同方法的要求，写出详略得当的提纲来。

最后要强调的是，无论采用何种方法进行评课，都要突出反映以下几方面内容：一是本节课的主要优点、经验或特色是什么？二是本节课的主要特点、不足或需要探讨的问题是什么？三是你的建议是什么？如改进教学的建议，推广经验的建议，等等。

教学方式——吃透精神，择善而从

（一）常用教学方式包括以下几种

1. 启发式

所谓启发式，是指教师以学生为学习的主体，并从学生的实际出发，依据学生学习的客观规律，灵活运用各种具体教学方法和手段，充分调动学生学习的积极性、主动性和创造性，激发学生的内心活动，引导学生通过自己的独立思考，融会贯通地掌握知识、探求新知、发展智能，提高分析问题、解决问题的能力的一种教学方式。

启发式教学是教学原则与方法体系的最高境界，对各种教学方法起着定向、调节和控制作用。在所有教学方法中都应该贯彻启发式教学的思想，在教学的各个环节都应该倡导和重视启发式的教学思想。

启发的目的，就是老师举出一个例子，学生就能举出三个例子来。关键是教师举出的这个“一”究竟是什么。教师若把这个“一”突破了，学生就能达到灵活运用、迁移应用、举一反三、闻一知十。

启发式讲授与启发式指导是启发式教学的两种基本的教学模式。常用的启发方式有设疑启发、比较启发、情境启发、反诘启发、直观启发、比喻启发、提示启发、分解启发。

启发式教学有三个层次：启而不发(启不得法)、有启有发(依赖思想)、不启而发(达到较高境界,学生学会分析问题、解决问题)。

启发式教学不失为当前实施素质教育、培养创新型人才必须积极采用的一种好的教学方式。《中共中央国务院关于深化教育改革全面推进素质教育的决定》中指出：“积极实行启发式和讨论式教学，激发学生独立思考和创新的意识，切实提高教学质量。”新修改的《义务教育法》也指出：要采用启发式教学。

运用启发式教学必须做到如下几点：

（1）正确认识　把握精神

启发式教学不是一种具体的教学方法，因为一种具体的教学方法是由一套比较固定的教学格式或若干具体的教学环节来体现的，而启发式教学并没有固定的教学格式和环节。在上课伊始让学生带着问题探究是启发，在课结束时留给学生一些悬念和问题让学生思考也是启发；教师有意识地给学生提出问题，引导其解决是启发，教师引导学生们通过实践或讨论自己发现问题、思考问题、解决问题也是启发。启发式教学可以通过教师的生动讲述使学生产生联想，留下深刻的印象而实现，有时也可以通过一问一答、一讲一练等形式来体现。所以说，启发式教学是一种对各种教学方法和教学活动都具有指导意义的教学思想，无论什么方式方法，只要是贯彻了启发式教学思想的就是启发式教学，反之就不是启发式教学。

（2）创设环境　教学民主

启发式教学是把学生看成认识活动的主体，要求师生双方在教学中相互尊重、相互信任、相互配合、相互促进、平等对待，以形成亲切、民主、融洽、和谐的教学气氛，使学生精神振奋地、生气勃勃地、活泼愉快地参与到教学之中。教学民主直接、深刻地反映了启发式教学的精神实质，它是师生有效地相互作用，创造性地完成教学任务并实现“教学相长”的重要保证。没有民主，师生之间缺乏真诚的交流和合作，也就谈不上启发式教学了。所以，在教学过程中，教师要努力地创设一种宽松、自由、平等、民主的课堂环境，充分地尊重学生的人格，尊重学生的个性，不搞师道尊严，不体罚学生，不讽刺挖苦学生，不压制学生，使学生没有压抑感，没有心理负担，没有任何顾虑，以愉悦的、自由的心情投入课堂学习。

（3）学生主体　教师主导

启发式教学认为，学生是学习和发展的主体，一切教学活动都必须以调动学生的积极性、主动性、创造性为出发点。学生的学习与发展归根结底必须依赖其自身的主观努力，任何人都代替不了。一切外在的因素只有转化为学生的内在需要，引起学生强烈的追求和主动进取时，教学的目标才能得到实现。因此，在教学过程中，要充分地确立起学生在课堂教学中的主体地位，发挥学生的能动作用，这是启发式教学的实质。

但是，强调学生的主体地位并不意味着排斥教师的主导作用。

教师发挥主导作用同样也是教育教学内在的必然要求。教师不发挥主导作用，也就不成其为教育教学了，学生的主体地位同样也就无从体现了。但启发式教学强调教师主导作用的发挥必须是始终把学生置于学习的主体地位上的。这也就是要求教师的主导作用必须在“引导”（导读、导趣、导疑、导思、导法、导练、导做、导创、导评）上下功夫。施教主动，贵在引导，妙在开窍。教师的引导要立足于使学生在迫切要求的心理状态下自己思考、自己理解、自己消化、自己吸收，从而达到“自奋其力，自致其知”，这是教师发挥主导作用的落脚点。

（4）改革教法　指导学法

“启发”一词本身就包括教师的“启”和学生的“发”，它生动又深刻地反映和揭示了教学活动的多边性以及教法与学法的统一性。所以，注重学法指导是启发式教学的一个重要的特征。“启”要求对教师教法进行改革，“发”要求对学生学法进行指导。就是说，要把教法改革与学法指导有机结合起来，同步进行，使之彼此协调，相互促进。一方面，要把教法建立在研究学法和学情的基础上，以提高教法的针对性和有效性；另一方面，要努力在探索和选用先进的科学的教法中，引导学生掌握适合自身特点的学习方法。在课堂教学中，教师传授知识，不能停留在讲清楚知识上，而是要在讲清知识的基础上，揭示出规律，为学生指出科学的思维方法和学习方法，要为学生提供自我探索、自我思考、自我创造和自我表现的机会，使学生在掌握知识的过程中又掌握学习的方法与思维的要领，从而培养学生的自学能力。

（5）创境激情　启发思维

启发学生的思维，培养学生思维的主动性、灵活性，是启发式教学的核心内容。在教学过程中，教师不是重在传授知识，而是重在对学生激发思、指导思、训练思、培养思、发展思，使学生在展开充分的生动活泼的思维活动中实现掌握知识与发展智能的有机统一。因此，在教学过程中，教师必须有效地利用多种途径和方法来启发学生思维，促进学生智力的发展和能力的培养。如，可通过创设问题情境、激发学生情感来促使学生展开思维的翅膀。创境激情、启发思维具体有以下几种做法：①创设“愤悱”情境，引导学生思维。只有当学生跃跃欲试，处于愤悱境地时，教师才去启发、点拨、诱导。②创设激奋情境，唤起学生激情。学生一旦有了学习上的激情，就会把繁重的学习任务当作一种乐趣，产生巨大的内驱力。③创设悬念情境，激起学生好奇心。创设悬念情境，就能引起学生的好奇，进而引起强烈的求知欲。为此，教师应认真研究教材，有意识地、精心地设置悬念与问题情境，引导学生质疑问难，引导学生不断探索、积极思考，从而打开智慧之门。

（6）提出问题　培养能力

教学过程中，教师不断提出问题，启发学生积极主动地动脑筋思考问题、解决问题，这是启发式教学常用的一种方法。如：①教师的讲课要生动形象、引人入胜，能随时提出一些有趣味的问题，使学生兴致盎然地学习；②知识要讲得“有所知，有所不知”，给学生留有思考的余地，发展学生的想象力和思维力；③要把同一课题的各种不同观点都摆出来，教师不要急于发表自己的看法，让学生自己去思索和选择，培养他们的求索精神和鉴别能力；④要着重讲解课题的过去、现在和发展趋势，把未解决的内容提出来，鼓励学生去探索、创造和发明，要从正面和反面提出问题，让学生分析和对比，培养辩证思维能力；⑤要从知识结构上提出思考题，要求学生全面地分析和把握问题，培养全面地解决问题的本领；⑥要根据学生好胜心强的特点，提出一些难度较大、较深的问题，激发学生坚忍不拔的探索精神，培养学习毅力和良好的意志品质；⑦要从浅显的举例和实际事物中，启发学生寻找问题的哲理和事物的本质，培养学生思维的批判性、深刻性、理解力和概括力；⑧要举出有典型代表性的一个问题和实例，让学生去进行联想，培养他们“举一反三”“触类旁通”的本领和思维综合能力；⑨要从事物发展顺序和知识内在逻辑上提出问题，引导学生有条理地学习和思考，培养他们的逻辑推理能力和思维的顺序性，等等。

除了要善于提出有启发性的问题之外，教师还要启发学生，鼓励学生敢于并善于提出问题，并学会自己分析问题、解决问题。只有这样，才能真正培养学生的各种能力。

（7）把握时机　因材施教

启发式教学要把握最佳时机，要讲求最佳火候，要寻找最佳突破口。就是要做到：不到学生想把问题思考清楚却思考不清楚，想把自己的思考表达清楚而表达不清楚的时候，不去启发他。即当学生处于一种“困惑”的状态时，教师才去启发他。孔子的“不愤不启，不悱不发”，就是要求只有当学生具备了“愤悱”状态，即到了“心求通而未得，口欲言而未能”之时，才是对学生进行“开其意，达其辞”的最佳火候。实践证明，教师若能准确地把握好时机，有利于在思维的最佳突破口点拨学生心灵的乐曲，启迪学生智慧的火花。同时，教师启发学生的问题深度的难易要适中，速度的快慢要得宜，广度的大小要恰当，量度的多少要相应，恰到好处地引导学生积极思维，“跳一跳，摘桃子”，使学生的思维提高到“最近发展区”水平。

启发式教学要想真正取得实效，还必须了解学生实际，做到因材施教，这样才能启而有发，问而有答，最后达到不启而发。了解学生实际包括：了解学生的年龄特征和身心发展规律，已有知识水平和接受能力等。只有了解学生的实际，教师的启发才会有方向性、针对性、有序性、层次性，教师的每一堂课、每一席话，才能恰到好处地启发诱导、促进思考，最大限度地调动学生学习的积极性、主动性。

2. 讲解式

讲解式是讲授法中的四种形式（讲述、讲解、讲读、讲演）之一，是典型的传统的教学方式。讲解式是教师通过口头语言向学生系统传授知识的一种方式，它是使用最广泛的教学方式，也是最古老的教学方式。有些教学内容非讲不可，还有些教学内容，如一些难度较大的概念、定理、法则、公式的论证推导、文章的分析等虽然用课题、探究、自学、讨论的方式也可以解决，但是不经济，时间不允许，这时候，就需要教师出马，使出“我讲你听”的看家本领，这也是必要的。讲解式是教师十八般兵器中的一种，是废除不掉的。

讲解式之所以备受指责，主要是因为现在用得太多，太滥，太单调，太机械了，所以容易出现一些弊端，如，一讲到底，照本宣科，从头讲到尾，不从学生实际出发，生怕漏掉点什么。全讲到了，就觉得自己尽到责任了，对得起学生了，问心无愧了。如果发现有学生尚未听懂，不是另想办法，而是再讲一遍，又讲一遍，原样重复，美其名曰“诲人不倦”，其实是缺乏变通能力和创造性。又如，有的教师运用讲解式时，口语表达不简练，拉杂语、口头语、多余的话、重复的话太多，让学生讨厌；教学语言生硬死板、淡而无味，整堂课平铺直叙，缺少激情、缺少起伏、缺少波澜、缺少抑扬顿挫；唠唠叨叨，整堂课自己包场，个别的甚至夸夸其谈；少而不精，快而无节奏感，慢而无要领。所以，运用讲解式，要做到以下几点：

（1）尽量少讲

千百年来形成的习惯和人人都有的表现欲、宣泄欲，使教师普遍都有说话的冲动和爱好，有人甚至到了不说就痛苦的地步。必须尽最大的可能控制住这种可敬的冲动，把教师的讲解压缩到最低限度，做到惜话如金，能不讲的尽量不讲，能少说一句就绝不多说一句。达到这种境界，才算是真正懂得了讲解法。

（2）不居高临下

讲解应该是教师的发言，而不是居高临下的注入。教师的讲解不应采取教训学生的态度，而应该采取做一个平等发言者，与学生交流的态度。教师对教材的讲解应该是娓娓道出自己的学习心得，而不是发射知识炸弹。

（3）展示过程

讲解应该展示教师的思考过程，而不光是结果。教师在讲解时，应该把自己对教材的理解过程，包括成功与失误，都告诉学生。教师要把自己作为一个学习者的真实面目展现给学生，不要装作全知全能、修成正果的样子。经验告诉我们，教师把自己定位成一个正在学习的人，对提高学生的学习能力效果最好。换句话说，就是教师在学生面前不要过于强势，要有利于学生的学习。

（4）不求系统

就是教师只讲最需要讲的地方，不要什么都讲。以为只有教师讲得系统，学生的知识才会系统，这是一种形式主义，甚至是一种自我安慰。不是说学生的知识不要系统，系统是很必要的，但是这种系统应该是通过多种学习方法获取信息，最后整合而成的，绝不是弄一个现成的系统一下子移植到学生脑子里去的。把学生的耳朵当成唯一的信息接收器，把教师的嘴当成唯一的信息源，是很可笑的，这势必导致教师没完没了地讲下去。系统不系统，不看教师的讲解，而要看学生脑子里知识的实际状况。

（5）注意表情

如果多数学生目光已经黯淡，注意力已经分散，教师就应该停止讲解，不管此时兴致多么高，也不管正讲到多么重要的地方，因为再往下讲就只不过是教师自己的抒情而已，属于无效劳动或低效劳动。教师必须把学生最想知道的东西，趁学生眼睛发亮的时候赶快说完，这样学生才能真正吸收。

（6）讲究口语

讲解时使用的语言要能被学生所接受，既要适合学生已有的实践经验和知识基础，又要做到清晰、鲜明、洗练、准确、生动有趣，要尽量做到深入浅出，通俗易懂。对新出现的术语，要先做好解释。讲述的声音要清晰，音量要适当，音高要合理，语调要丰富，有抑扬顿挫，绘声绘色，富有情感。要把每一句话、每一个字，真真切切地送到每一个学生的耳朵里去。

（7）体态端庄

讲解时的体态要端庄自然大方。教师讲解时不宜走动太频繁，学生要专注，教师既不可举止生硬，也不宜手舞足蹈。要注意正确运用体态语，喜怒哀乐恰到好处，目光分配合理，面部表情适宜，动作姿势恰当。

（8）速度适当

速度太快，学生没有思考的时间，不易理解消化；速度过慢，则容易倦怠，分散注意力。讲解重要问题时要稍做停顿，给学生思考或记笔记的时间；容易的问题可以讲得快些。一堂课内何时该快，何时该慢，要统筹计划安排。

（9）手段恰当

应尽量运用图片、图表、实物、模型、标本、幻灯等直观教具，恰当地使用多媒体和网络辅助教学，但不要多多益善，不要以“机灌”代替“人灌”。

讲解式可以穿插在导学式、探究式、讨论式、课题式的教学方式中间进行，也可以单独上讲解课，这要视情况而定。

3. 导学式

人的一生中，在学校的学习时间相对而言是有限的，也就是说，一个人不可能跟随老师学习一辈子，要想在学业上有所进步，在事业上有所成就，还得靠自己不断学习与探索。一个人仅凭在校期间学得的有限知识，是适应不了所从事的职业与社会发展的需要的。当今世界，科技迅猛发展，知识日新月异。一个人如果不会不断地学习，就会被社会所淘汰。“未来的文盲不再是不识字的人，而是不懂怎样学习的人”，已经成为人们的共识。而且这种学习，主要靠自学。因此，实行导学式教学，培养学生的自学能力，教会学生学习，是现代教学对每一位教师的基本要求，是实施素质教育、课程改革的需要，也是当代科学技术飞速发展对人才培养的要求。

所谓“导学式教学”，就是教师指导、引导学生学习。这种读书指导法自古有之，许多教师都曾使用，也有许多经验。其目的就是要培养学生的学习能力。

在当今的教学方式中，如果说课题式、探究式是最新颖的，那么导学式应该就是最重要的。我们现在的教学方式的主流还是讲授模式，就是“我说你听”，当教学方式的主流变成“你学我帮”（以学生自学为主）的时候，我们才可以说，素质教育已经走进课堂了。

运用导学式教学应注意以下几点：

（1）要解放思想，转变观念

陶行知先生说，先生的责任不在教，而在教学，而在教学生学。叶圣陶先生强调，教是为了不需要教。布鲁姆说，“95% 以上的学生是可以学好的，只是时间问题；95% 以上的学生是会学的，只是方法问题”。洋思中学的先进教改理念是：“课堂教学的过程是学生学习的过程”，“不学不教，先学后教，以教导学，以学促教”。

教师不要以为自己不讲，学生就不会，不要只相信自己，不相信学生。教师必须认识到，自己不是知识的源泉，在信息时代，学生完全可能在许多方面知道得比教师多。教师的角色，已不再是传统意义上的“传道授业解惑”者，而只是一个学习者、组织者、指导者、帮助者。

所以，在教学过程中，教师要努力做到：课本放手让学生自己阅读，新知放手让学生主动探索，难疑点放手让学生相互讨论，问题放手让学生思考解答，结论放手让学生归纳概括，精练题放手让学生独立完成，规律放手让学生寻找揭示，知识结构放手让学生构建。只有这样，导学式才能真正落到实处。

（2）要在“导”字上下足功夫

学生的自学能力不是天生就有的，不是无师自通的，必须在教师的指导帮助下，才能逐步培养起来。在具体的教学过程中，应做到以下几点：

要指导温故知新。在学习新知识之前，教师要指导学生复习旧知识和预学新知识。教师要为学生编写或指导学生自己编写一些复习与预学的思考提纲，要为学生指明学习新知识的目的要求与方向任务。教师要努力为学生创设一种新旧知识联系的“最近发展区”，让学生自觉地从旧知识的复习中导出新知识，以“温故”作为“知新”的桥梁。

要指导阅读方法。教师要指导学生逐步地掌握读懂教材、分析教材、理解教材的方法，如指导学生学会在书上画重点、做记号、写批注、记疑难点；指导学生做读书笔记和卡片；指导学生学会一边阅读一边分析、一边阅读一边笔记、一边阅读一边思考。教师要教给学生学习的通法，如怎样预习、复习、听讲、提问、答问、解题、阅读、思考、解疑、讨论、实验等；还要教给学生各学科的学习方法，如怎样学好概念、公式、法则、定理、定律，怎样学好字、词、句、语法、修辞等。

要指导课外阅读。教师要指导学生适当、有目的、有选择地多读一些课外书籍，以扩大视野，丰富知识，进一步提高学习能力。教师要给学生提供必要的资料信息，告诉学生到哪里去找相关资料。

（3）要预学检查，以学定教

教师在上新课前一定要采用多种方式对学生的课前预学进行检查。如，教师可有代表性地直接检查若干学生课前预学的情况；教师也可通过提问学生或让学生板书或小测等形式检查学生课前预学的情况；教师也可指定若干位学科组长或小组长在课间或课内对学生课前预学情况进行检查，再向老师汇报。当新课内容较多时，预学检查可提前在课前进行，以免影响上新课时间。

教师通过以上检查，了解学生旧知识掌握情况以及新知识理解掌握情况，并以此来决定课堂上教师该做什么。如：该指导什么？该启发什么？该讲什么，不该讲什么？详讲什么，略讲什么？再次进行课前备课，以解决教学的针对性问题。否则课前预习就失去了它的意义。

课堂上，教师根据学生课前预学的反馈信息，可以有重点地再次组织学生课内自学，也可以通过适当的启发、点拨、讲解、讨论、操作、练习等，有针对性地帮助学生掌握教材的重点，强化注意点，为学生解决疑难问题，帮助学生分析错误原因，启发学生积极思考，引导学生揭示知识的内在联系与规律。

（4）要实行“小先生制”——“兵教兵”

有些学生自学能力差，总是学不会，很容易造成学生中的两极分化。怎么办？在一个班里，总会有这样的学生，即使是用传统的讲解方式，这种分化也是难免的，它并不一定是自学方式本身造成的。解决的办法，一是对这些人适当降低标准，搞分层次教学目标；二是给他们多一点辅导，课内、课外开点“小灶”；三是组建学习小组，把他们放到学习小组中去，让其他优秀同学带一带、帮一帮，实行“小先生制”，也就是“兵教兵”。这样做既能使学困生得到有效帮助，又能减轻教师负担，还能锻炼优秀学生。

（5）要遵循客观规律，循序渐进

学生学习能力的培养不可能一蹴而就，而是要有计划、分步骤、分阶段逐步培养。就是要根据学生学习能力发展的客观进程与规律来培养学生的自学能力。这方面可以按照我国教学论专家江山野先生提出的“学生学习能力的客观发展进程的五个阶段”的论述去做，即：①完全依靠教师阶段；②基本依靠教师阶段；③相对独立学习阶段；④基本独立学习阶段；⑤完全独立学习阶段。

根据以上论述，在基础教育期间，特别是义务教育期间，我把学生学习能力培养过程划分为教读阶段、导读阶段、自读阶段，并设计了与这三个阶段相对应的三种课型，即教读课、导读课、自读课。（详见本书“教改实验篇”。）

4. 讨论式

在国外，“讨论式”早已成为发达国家中小学课堂教学的基本活动方式。但是，由于受传统讲授模式和班级统一授课制的影响，讨论式教学在我国没有引起足够重视，直到进入 20 世纪 80 年代，才较多地引起注意。近年来，在开展课程改革实验过程中，讨论式教学普遍被重视，在不少课堂中讨论式教学被当作一种基本的教学方式。

讨论式教学是在老师的指导或参与下，学生以集体（全班或小组）的形式，围绕某个或几个中心论题开展讨论，各抒己见，相互交流，相互启发，相互学习，通过信息的多向交流而获取知识、解决问题、发展智能的一种教学。

由此可见：

（1）讨论式教学是一种“开放式”教学

在课堂上参加讨论活动的每一个学生都有自由表达自己见解和发挥自己才能的机会，不但要听取他人的发言，而且要准备自己的发言。这种发言虽然要围绕讨论的中心议题，但发言的内容可以不受教材限制；还要发表对他人的发言的看法，要提出事实和论据，能有效地说服别人。这种开放式的课堂教学能为学生提供较广阔的思维活动空间，不仅能使学生真正成为学习的主人，而且有利于学生质疑问难、独立思考和创新精神的培养，还可锻炼学生的表达能力。

（2）讨论式教学也是“多向信息交流”教学

课堂讨论是一种信息交流活动，这种信息交流，既不同于讲授法的单向信息交流，也不同于谈话法的双向信息交流，而是讨论集体成员之间的多向信息交流。同学的发言可以使自己及时获得反馈信息，调节自己的观点与认识。因为，在多向信息交流中，每个同学的发言都有自己的看法、讲法，通过对各种不同发言进行比较，可以相互取长补短，集思广益，共同提高。这样就可以培养学生的民主精神、集体主义精神和团结互助的精神。

讨论式教学的一般步骤：

（1）选好讨论题

讨论题选得是否恰当，和讨论是否开展得好有密切关系。要根据教学的具体目标、教学内容的特点、学生的特点和知识水平来确定什么内容、什么时候应该让学生讨论。一般来说，①要选和教材的重、难点有关的或带有普遍意义的问题让学生讨论；②要选有启发性的，从不同角度有不同理解的问题让学生讨论；③要选有多种方法、多种途径解决的问题让学生讨论；④要选有趣的、与学生的生活有关的问题让学生讨论。这样可以促使学生开动脑筋想问题，从而有言可发，有论可争。

讨论问题的难易程度要符合学生的实际，不能太难也不能太易，提出的问题应是学生学习与生活的范围和能力的范围之内所能解决的。讨论题应简要明确，不含含糊糊、模棱两可，要有思考性和启发性。所选论题不要局限于老师所提出的问题，要善于从学生提出的有关问题中选择问题作为讨论题。

（2）定好讨论形式

课堂讨论的形式是多种多样的，有全班性的讨论，有前后桌的讨论，有同桌两人的讨论，有时还可根据某种需要组成专门小组，也可指定某个人就某个问题作专题发言。目前较普遍地采用前后桌 4 人小组或 6 人小组（好中差搭配）讨论的形式。一般来说，小学中低年级由于知识水平和管理能力较低，不宜采用小组为单位、由学生掌握的讨论，可以在教师掌握下进行全班性讨论，或前后桌讨论。讨论的问题要小，要有趣，时间要短，一般几分钟、十几分钟即可；小学高年级和中学阶段，各种讨论形式均可采用，而且全班性的讨论可由教师掌握，也可由学生掌握。但一定要从实际出发，具体情况具体分析。

讨论题可以当堂布置当堂讨论，也可以上节课布置讨论题，下节课再讨论。可以全班只讨论一个问题，也可以把一个大问题分成若干个小问题分组讨论，每个小组只讨论一个小问题，最后集中起来，全班共同讨论解决这个大问题。但无论采用何种讨论形式，讨论之前都必须让学生有适当的时间，事先做好必要的准备，教师作适当的指导，如阅读有关内容，收集有关资料等。

（3）组织好讨论

在讨论过程中，教师要鼓励学生在讨论中敢于大胆地发言，发言时要学会抓住主要矛盾，要言之有理，论之有据，论之有实，言之有物，不空发议论，不信口开河，不离题太远。教师还要教育学生在讨论中既要善于发表自己的意见，把想说的话说完，又要服从真理，虚心听取和尊重别人的意见。争论时要心平气和，注意团结友爱，与人为善，切不可言辞粗鲁，出口伤人，要防止把争论变成个人的冲突或攻击。

讨论虽然主要是学生的活动，但教师的组织指导也是少不了的。在整个讨论过程中，教师要进行策略分配，明确各自的任务与责任；教师还要随时注意学生的动态，要在组间巡视、指导，及时地收集学生讨论中的反馈信息，以便及时控制、调整讨论的过程，把握讨论的方向。教师布置讨论题时，既要作必要的解释，又要提出讨论的具体要求，交待注意的事项。讨论过程中，如果学生无言可发，教师要注意点拨，帮助学生打开思路，使讨论继续进行；要特别注意让学习困难生参与讨论、发言，而且做到有言可发。如果学生的发言离题了，教师要设法把学生引回到讨论题上来；如果学生的发言有独到之处，教师要加以肯定和鼓励；如果学生的发言有错误，教师应适当指出，并提醒学生自己纠正。

（4）做好小结

每次讨论结束时，一般要有简短的小结，要对讨论的问题做出结论。小结可由教师来做，也可由学生来做，也可师生共同来做。对学生讨论过程中出现的疑难问题或有争论的问题，教师要阐明自己的看法，要实事求是地指出讨论中的优缺点，恰当地评价讨论的进展情况。对某些有争论的问题，学生一时想不通，允许其保留自己的看法，不要强求学生接受。有时为了鼓励学生自己探求知识，发现真理，发展他们的创造性才能和主动精神，对有些讨论题也可以不作任何结论，而是把它们留给学生今后继续探讨。

讨论式教学适用的条件：

（1）从班级条件来看

讨论式教学比较适合班级纪律较好、学生自我控制能力较强、学生基础较好且思维比较活跃的班级。如果一个班级纪律较差，或学生中缺少好的骨干学生，一旦分组讨论开始，班级有可能失去控制，或学生无言可发，这样的讨论不仅达不到它的较高（智能发展）的认知教学的目标，甚至连传授知识的功能都会丧失。所以，这种班级要慎用讨论式教学，或者至少要经过一段时间的强化训练后再使用。

（2）从学科条件来看

某些学科，如数学、物理、化学等，它们中的概念、原理、公式比较一致，一般来说难以提出明显的可以怀疑的问题，所以在理科的概念、原理、公式教学中不一定要组织学生讨论。但在运用这些概念、原理、公式解题时又是可以组织学生开展讨论的。而另一些学科，如历史、政治、文学、艺术等，它们中的许多概念和原理存在着争论，比较适合用讨论的方法。通过讨论，学生能比较各种观点的异同，形成自己的看法。当然，以上的看法也不是绝对的，教学中是否要组织讨论，应具体情况具体分析。

讨论式教学对教师的要求：

（1）要克服弊端。讨论式教学费时较多，处理不好往往会拖堂，甚至完不成教学任务；有时教师的主导作用会受到一定的限制；从同学发言中所获得的知识一般是零碎的，缺乏系统性；有的发言比较粗糙，不够精细，甚至有些错误，有些学生缺乏鉴别力，容易是非不分；组织讨论的起始阶段学生往往会无言可发，或漫无边际地发言。这些在讨论式教学中都要注意克服。

（2）要讲求实效。讨论式教学往往要和其他教学方式结合起来使用，也不是所有的教材、每一堂课都要使用讨论式教学，要防止搞形式主义。

新课改以来，课堂讨论成了时髦的教学方式。我们听公开课，总能看到这样的镜头，老师讲着讲着，提出个问题，让学生分组讨论，然后在全班发言，很是热闹。比起教师一言堂来，这当然是一种进步。但是，这样的讨论通常有以下几个问题：

① 形式主义。这种讨论目的往往是把教师想说的话让学生说出来，就整堂课的教学思路来看，还是灌输式的。换句话说，取消这个讨论，并不影响总的教学目标。所以这种讨论只是一种点缀，是一种故意安排的形式，而不是真正出于学习者的内心需要。

② 假性讨论。所讨论的问题基本上是教师向学生提出的，而不是学生真正想问的。学生是为了回答而讨论，不是为了解决自己的真实疑问而讨论，整个讨论有点像集体口试，缺乏研究和探讨色彩。这种讨论是封闭的而不是开放的，有标准答案。一旦学生说出标准答案，讨论即告完成。

课堂讨论应该把握以下几条原则：

（1）需要讨论时才讨论，不需要讨论时就不要讨论

就是说，讨论这种教学方式最好事先不要定得太死，有时候可以临时决定组织讨论，有时候可以取消事先准备的讨论，全看学生有没有需要，讨论有没有实效。

（2）有不同意见才讨论，没有不同意见就不要讨论

有不同的意见，才需要交流。讨论是为了听到不同的声音，以便互相启发。教师发现学生对一个问题有不同的见解或不同思路的时候组织讨论，效果较好，意见的反差越大，越容易激起学生兴趣。若大家看法相似，组织讨论，实际上不能提供多少新信息，会浪费很多宝贵的教学时间，不如不讨论的好。

（3）有真问题才讨论，没有真问题就不要讨论

所谓真问题，指的是学生确实不明白而且想弄明白的问题，他发言是为了满足自己的求知欲，而不是为了讨老师的喜欢或者应付考试。也就是说，真问题是学生自主提出的问题，而不是教师布置的问题。所谓真问题，还包括教师自己的问题，就是把自己确实有疑问的地方开诚布公地向学生提出，而且请教学生，学生会很兴奋，效果非常好；但这不是故作谦虚，而是心有所触，自然发问。

通常，讨论是一种辅助的教学方式。在讲解式、启发式、导学式、探究式、课题式的教学中，遇到比较集中的问题，都可以用讨论的办法加以解决。有时也可以用讨论式独立上新课，师生就像聊天一样把新课上下来。

5. 练习式

许多教学方式（如探究式、导学式、讨论式、课题式）对发挥学生的主体地位，培养学生的探究能力、学习能力能起到很好的作用，但是，学生的基础知识是否落实、基本技能是否熟练，必须通过练习才能得到巩固。即除了平日适当留基础知识作业以外，教学一个阶段后，要用专门的时间，系统完整地让学生做练习，把基础知识、基本技能巩固下来。

（1）练习课的一般步骤

首先，教师引导学生简要回顾上节课或上一阶段所学知识，并提出练习的任务、目的、要求、意义及方法；

接着，教师做示范辅导，学生做尝试性练习，教师及时反馈评价和矫正学生尝试性练习情况；

然后，学生独立练习，教师紧张地、有目的地巡视辅导，有针对性地指导学生练习；

最后，教师根据巡视辅导过程中收集到的反馈信息，对学生练习进行评价和小结。

有时也可课一开始就让学生练习，然后再由教师分析小结。

（2）怎样上好练习课？

① 要精选好练习题。要上好练习课，首先，应设计好练习题，这是上好练习课的基本保证。设计练习题必须做到目的明确、紧

扣课标、重点突出、纵横联系、激发兴趣、针对实际、科学严谨、由浅到深、由简到繁、难易适中、启发思维、分量适度。其次，练习设计要多样化。如诊断性练习、单一性练习、巩固性练习、对比性练习、针对性练习、多元性练习、翻译性练习、操作性练习、综合性练习、发展性练习、创造性练习等。有时多种功能的练习综合使用。

② 要加强练习方法的指导。教师要教给学生做练习的好方法，要做必要的示范，要求学生认真审题，细心解答，先求正确与练习规范，后求练习的熟练与速度。遇到困难时，要先复习课本内容，实在想不出来时，再请教同学或老师。要重视培养学生做完练习后进行自我检查的好习惯。

③ 加强解题速度的训练。提高单位时间学生练习的速度，是练习课的一大任务。因此，练习课上要注重培养学生的时间观念和效率意识，力求让他们在短时间内采用最佳的方法准确解决问题。切忌放羊式让学生自由练习。长期无目标、无速度要求，必然养成学生散漫的习惯。

④ 要注意练习结果的信息反馈。教师对学生的练习应及时地、客观地、正确地予以评定，指出优缺点，表扬练习中表现好的学生，注意纠正学生练习中出现的错误，指出改进的要求与方法。让学生能看到成绩，知道不足，改进方法，增强学习动力。

练习自然是枯燥的，难以引起学生的兴趣，所以这种课也不可过多，而且不要连续上，以免学生疲倦。要特别注意少搞重复性的无效劳动，一个字如果抄 3 遍能记住，就不要让学生抄 5 遍。学生水平不同，应该允许他们自己决定哪一类题多做，哪一类题少做，哪一类不做，别搞一刀切。有些老师采用游戏、竞赛的方式上练习课，很值得提倡。

有启发式、讲解式、导学式、讨论式几种教学方式为前提，学生的知识背景应该是比较丰厚的，做起练习来跟原来所谓“精讲多练”的办法相比，情绪应该更好，效率也应该更高。

6. 探究式

探究式教学对于中学理科教学和小学科学学科来说并不新鲜，是常用的一种教学方式，而这次课程改革要求各个学科都要研究和运用探究式教学。

所谓探究式教学，一种说法是：根据课程教学目标，选取适当的教学资源，按照发现问题—分析问题—解决问题的认识规律，设计学生的课堂学习活动程序，引导学生在自主获取或运用知识与技能的同时学会学习，并形成正确的价值观的教学方式。

另一种说法是：从学科领域中选择和确定研究主题，在教学中，创设一种类似于学术（或科学）研究的情境，通过学生自主独立地发现问题、猜想、实验、操作、调查、收集与处理信息、表达与交流等探索活动，使学生获得知识、技能、情感与态度的发展，特别是探索精神和创新能力的发展的教学方式。

探究式教学试图将科学探究引进教学，其目的当然是希望学生能像科学家搞研究那样独立地通过探究过程活动来获得知识，而不是由教师安排好一切，让学生顺着预定的途径“走”下去或把学生径直引向答案。换言之，探究式教学的重心或出发点在学生方面，探究是学生的探究，教只是为学服务，而不是要学服从于教。

这种教学方式的特征是以问题为载体，以学生自主探究或者合作探究为主要学习方式，以培养思维能力为核心，它适用于大部分的学科性的课堂教学，尤其是理科教学。探究式教学和课题式教学虽然有相同之处，都是以问题为载体，但是它们之间还是有区别的。课题式教学所选择的问题是紧密结合生活实际的，当然也可结合教学实际，解决问题的途径不仅在课内，也可在课外，且大多是在课外进行；而探究式教学所选的问题必须紧密结合学科教学目标，且一般在课内完成。

（1）运用探究式教学的一般程序

第一步，创设问题情境；

第二步，确定探究问题；

第三步，设计解决方案；

第四步，探究解决问题；

第五步，表达交流评估。

当然，不同学科会有不同的探究程序。

（2）运用探究式教学要注意以下几点

① 要创设良好的探究学习环境。这个环境中首先要有丰富的教学材料、各种教学仪器和设备等，而且这些材料是围绕某个知识主题来安排的，而不是杂乱无章的；其次要有民主和谐的课堂气氛，使学生很少感到有压力，能自由寻找所需要的信息，自己做种种设想，以自己的方式检验自己的设想。总之，这种环境要使学生真正有独立探究的机会和愿望，而不是被教师直接引向问题的答案。

② 要确定恰当的供学生探究的问题和目标。一节课之中，问

题不宜过多、过泛、过浅、过深；问题的指向性要求比较单一，否则泛泛而探，探而无效。探究问题的确定可先由学生质疑，然后进行选择，也可由教师质疑，然后组织学生探讨。此外，探究的形式要体现学科的特点，切不可千篇一律，如语文课，要体现其语言的训练要求，体现工具性与人文性的统一；数学要注重数学知识、技能与数学思维训练的统一；物理、化学则要注意从情景（现象）入手，提出问题。

③ 教师的作用重在组织、指导、适时参与。切忌主观地将学生的探究引入自己的思维定式。教师要千方百计地、最大限度地调动学生参与探究的积极性、主动性，使参与的面更宽；教师要把学生的思维恰当地向广度、深度的方向引导，使学生参与的程度更高。在学生进行探究学习的起始阶段，教师要选择有关课题，就以上每个步骤如何实施为学生做出示范，逐步地过渡到学生自己能独立进行探究学习。

④ 不能离开学科知识与技能的掌握与训练。要改变学生获取知识与技能的途径与方法，让学生自主地、科学地获得知识与技能，从而学会学习，增长学力。离开学科的知识与技能而架空地去探索，是徒劳而无实效的。

7. 课题式

课题式是新一轮课程改革中提出的崭新的教学方式，多数老师过去未曾涉及，所以对其来说是有一定困难的，但不是不可能，中小学生在老师和家长的指导下也是可以搞课题研究的。

（1）课题式教学的一般程序

首先，师生共同确定一个学习生活或社会生活中的实际问题

（如环保问题、资源问题、教育问题、卫生问题、住房问题、贷款问题、交通问题、人口问题、文物保护问题等）；

接着，教师指导学生设计解决这个问题的方案；

然后，组织学生收集资料、进行研究、解决问题；

最后，写出论文或报告。

这种教学方式，说得通俗一点，就是把培养研究生的思路用到基础教育中，或者说从小就把每一个孩子当科学家来培养，让每个孩子从小就能找到研究者、发现者和创造者的感觉。

（2）课题式教学的好处

课题式教学最大的好处是有利于培养孩子的自主性、创造性和科学精神。许多人都认为小孩子的任务只是学习基础知识和基本技能，打好基础，长大了才能去研究和创造。他们只知道知识和技能是基础，不知道还有更重要的基础，就是主体性的心理基础、研究态度的基础、科学精神的基础，这些基础的奠定必须和基础知识的学习、基本技能的培养同时进行，不可偏废，否则就可能在加强基础知识、基本技能教学的同时造就孩子的被动人格，严重阻碍他们创造性的发挥，影响他们的可持续发展。

开展课题式教学，老师们担心的是学生已有的有限的知识与课题研究所需具备的知识面的矛盾。课题式教学方式是以学生的活动为主线的，而课本的编写是以该学科的知识体系为主线的，二者可能相交，也可能平行。学生在完成课题任务时，他所需要的知识可能与他本学期的学科学习目标不一致，在许多地方甚至会超出，在另一些地方则可能没有涉及。能否解决这个矛盾？

一些二年级的小学生在老师和家长的指导帮助下完成了“海

水为什么是咸的”小课题研究，多数学生还写出了研究报告。这里面涉及许多的基础知识和技能，光靠课本上学的那点东西是不够用的。做这个课题式研究时，孩子看资料，有些字不认识；写报告时，有些字不会写，毕竟只是小学二年级。但是孩子连蒙带猜、东问西问，还是把这个课题搞下来了，同时还增加了基础知识，增强了基本技能。可见“双基”教学也并不是只有传统的“按部就班，日积月累”一条路可走，用研究课题的方式学习“双基”，也是一条可行之路。它避免了直接学习基础知识和基本技能的枯燥性，调动了孩子学习的内驱力，实际上反而提高了基础知识、基本技能的学习效率。

那么，课题式的教学在整个教学活动中占多大比例为好呢？这得看教师的水平和教材情况，例如刚开始，一个学期搞一个课题，占一至两周时间就行（可以分散在平时，也可以集中在寒暑假进行）。以后可以逐渐增加所占比例。

8. 讲座式

新课改以来，有的学校或学科老师，充分利用校外教育资源，聘请专家、学者到学校来给学生讲课，使中小学生也能听到专家级甚至大师级的学者的讲课。这样做，不仅可以避免学生老听一个教师讲课的局限性，还能让学生更好地开拓视野，活跃思想，增加兴趣。

具体做法是把一个年级的学生，甚至更大范围的学生集中起来上大课，听报告。报告人不是本校教师，而是请来的本学科的专家，例如本区的学科带头人、高水平的教研人员、大学教授等权威人物，国外（法国）把这种课叫“权威课”。这有点像课外活动，它与课外活动的区别是，安排在教学计划中，定期举行，而且其内容结合教材比较紧密。

这种讲课人当然不是能够长期兼课的，所以这种讲座课每学期只能组织一两次，但如果搞得好，作用是很大的，甚至可以有“听君一席话，胜读十年书”的效果。

给学生开讲座的内容要有所选择，一般选以下一些内容为好：

①本学科概况，基本特点，基本思路，发展趋势，这些全局性的东西，可以请专家讲。专家能讲出该学科的精妙之处。

②本学科的难点，一般教师处理有困难或者效果不好的，可以请专家讲。

③把学生的疑难问题集中起来，请专家答疑。

④在本学科的学习方法上，与学生对话。

这种讲座不但能教育学生，也能提高教师水平，一举两得。

（二）怎样选择合适的教学方式

教学方式是为学习方式服务的。所以，教学方式的选择首先要围绕学生学习方式的需要而进行；其次，教学方式的选择要受许多因素的影响和制约，这就要求我们在选择教学方式时，应全面地、综合地考虑这些因素，权衡利弊，择善而从。

1. 根据教学目标选择

教学目标不同，所采用的教学方式也应不同，要选择那些有利于更好地完成教学目标的教学方式。如：着眼于培养学生的自学能力，可采用导学式；着眼于培养学生的技能、技巧，就可以采用练习式；着眼于培养学生的探究能力，可采用课题式、探究式。

2. 根据教学内容选择

不同的学科，或相同学科的不同内容，应选择不同的教学方式。如对于文科教学而言，可较多地采用讲解式、启发式、导学式等，对于理科教学而言，就可以较多地采用课题式、探究式等；几何的教学与代数的教学、文言文的教学与诗歌的教学所采用的教学方式也有所区别。

3. 根据学生实际选择

不同的教学方式对学生的知识、智力水平等要求不同，应该选择那些适合学生年龄特征、学生身心发展水平的教学方式。如对于小学低年级的教学可以较多地采用讲解式、启发式；而对于中高年级则可较多地采用启发式、导学式、探究式等。

4. 根据教师特点选择

教学方式的运用总是要通过具体的教师来实现的，每个教师在选择教学方式时都要考虑自身的学识、能力、性格及身体等诸方面条件，尽量扬长避短，选择那种最能表现自己才华、施展自己聪明才智的教学方式。如，一个语文教师，若他具有较好的嗓音、相当强的表达能力，他就可以多采用讲解式，充分发挥其“讲功”；若他具有较为深厚的学识和启发、点拨、引导的能力，他就可以多采用启发式和导学式。

5. 根据教学条件选择

教学的物质条件包括学校所能提供的仪器、图书、设备、设施等。超越现有的教学物质条件，选择运用一种不适当的教学方式，往往会加重师生负担，降低教学方式原来的价值。如，在电脑还没有普及到每一个教室、每一个家庭的时候，采用多媒体教学或网络教学，就脱离了实际，不一定有好的教学效果。此外，教师在选择教学方式时还应当考虑时间的花费。

6. 活用多种方式

在具体的教学活动中，教师只会一两种教学方式是不能很好地完成教学任务的，他必须掌握多种教学方式。至于在教学中具体要用几种方式，何时变换方式，哪种方式占多大比例为好，要因人制宜，因事制宜。

总之，教师选用教学方式一定要有动态的、发展的观点。首先要根据学生学习能力的客观发展进程来选用适合的教学方式，就是说教学方式要适合各个阶段学生的学习能力；然后再根据教学目标、教学内容、教学条件和教师自身特点等，灵活地选用一种或几种教学方式进行教学。

核心能力——
教会阅读、思考、表达

核心能力培养之教会学生阅读

学生的阅读能力不是无师自通的，不是自由生长的，它必须在老师的指导帮助下才能逐步形成。阅读能力是一种综合能力，这种能力的培养必须经历一个长期的过程，必须从小就开始培养。

（一）创设学生阅读的环境

1. 营造宽松的课堂氛围

就是教师要努力营造一种自由、民主、平等、安全的有利于学生阅读的宽松的课堂氛围，不要对课文读得不好的学生表示不耐烦，不要随意打断学生的阅读，更不要挖苦讽刺、指责、嫌弃或不理睬阅读能力较差的学生。这样，学生才能真正感到在课堂上毫无压抑感、毫不拘谨、毫不害怕，从而大胆地阅读，敢于主动地阅读，即使读得不好，甚至读错了，也感到不害怕。

2. 留给学生阅读的时间

课堂是学生阅读能力培养的主渠道。因此，在课堂教学方式方法的设计或选择时，应安排阅读环节（或步骤），并保证留有适当的时间。

阅读环节应根据学生学习能力发展的客观规律，分阶段、循序渐进地培养学生的阅读能力。如把阅读环节分为教读阶段（教师教学生怎样阅读）、导读阶段（教师引导学生怎样阅读）、自读阶段（教师放手让学生独立阅读）。不同学科、不同阶段、不同学生应有不同的要求与时间安排。

3. 留给学生阅读的空间

教学过程中，对于重点、难点、疑点、易错点，教师的讲读要到位、范读要到位。但是，凡是学生自己经过努力能够读得懂的内容，教师就要放手让学生自己去阅读与思考，只需作必要的指导与纠正。所以，教师课堂上的范读、讲读不宜过细、过透，更不要整堂课都由自己包办代替学生读，而是要给学生留有独立阅读、独立思考的余地与空间。

《义务教育语文课程标准》指出：教师应加强对学生阅读的指导、引领和点拨，但不应以教师的分析来代替学生的阅读实践，不应以模式化的解读来代替学生的体验和思考；要善于通过合作学习解决阅读中的问题，但也要防止用集体讨论来代替个人阅读。

4. 为学生阅读提供帮助

（1）编制阅读思考题

阅读思考题能让学生带着问题去阅读，使学生从机械阅读向意义阅读转化，还可激发学生阅读的欲望与兴趣。所以教师每节课都要精心编制阅读思考题，供学生课前预习和课内自学时一边阅读一边思考、解答、质疑。编制阅读思考题，就是将新课重难点内容循序渐进地分点、分问题、分层次列出，每课 3 ~ 5 道题，有时可安排 1 ~ 2 道提高题、拓展题或讨论题（用★号表示），供学有余力的学生使用。阅读思考题应具有基础性、导读性、导思性、针对性、层次性。

如，在教《陋室铭》时，一位教师设计了这样一组阅读思考题：

①本文的题目是《陋室铭》，为什么先写山水，不写陋室？

②作者是从哪几个方面写“陋室不陋”的？

③作者写自己的陋室不陋，为何想到了诸葛庐、子云亭呢？

④作者以“孔子云：何陋之有？”作结，有什么用意？

⑤我们学习这篇课文，有何启迪？

以上这些问题如果搞清楚了，学生就可以深刻理解“陋室不陋，因德生辉”的思想内容。

又如，关于“轴对称现象”的阅读思考题：

①什么样的图形才是轴对称图形？

②对称轴是直线、射线还是线段？

③什么叫两个图形成轴对称？

④轴对称图形与两个图形成轴对称有什么区别？

学生根据阅读思考题去阅读教材，并进行思考、归纳和总结，在有意识的阅读过程中寻找问题的答案。

（2）指导学生课前预习

教师要指导学生认真做好课前预习。学生要依据阅读思考提纲的要求，带着问题进行有目的的课前阅读。教师要教给学生预习的一般方法，对学生的预习情况，教师一定要采用多种形式进行检查。课前预习要做到：粗读新教材，了解新内容；用好工具书，扫除生字词；复习旧知识，弥补旧缺漏；把握新重点，找出新难点；提出新问题，探究新发现；选做练习题，尝试做笔记。

（3）指导学生课内阅读

教师要指导学生做好课内阅读，要明确时间（用几分钟），明确内容（教材的第几页），明确方法（运用什么方法），明确要求（要思考哪些问题）。教师要做好阅读示范。教师应结合教材内容与特点，教学生怎样读懂教材、分析教材、理解教材内容，怎样将教材中的重点、难点、疑点、关键字词句以及有关概念、公式、定理、定律、法则等进行圈、点、勾、画、批、注等。

（4）组织开展课外阅读

①开辟宣传园地。充分利用教室墙报、黑板报，开辟“读书角”“阅读之星”“向您介绍一本好书”“读书笔记”等园地。②开展共读活动。经常组织师生读同一篇文章或同一本书活动，择时开展读书研讨，讲述故事内容，评点书中的人物或事件，交流读后的感受。③组织阅读交流。定时在学生中组织开展读后感展览活动以及“我推荐的好文章、好书”诵读比赛等。

（二）激发学生阅读的兴趣

兴趣是最好的老师。兴趣是探求知识的催化剂，是推动学生积极主动学习的一种内部动力。因此，激发学生的阅读兴趣，可以有效提升学生的阅读能力。

有没有兴趣，阅读的效果很不一样。有了兴趣，学生就能产生强烈的求知欲，主动进行学习。

1. 应用激趣

就是以学科知识应用的广泛性，来激发学生学科阅读的兴趣。如，日常生活的需要、生产劳动的需要、科技发展的需要、改革开放的需要、“一带一路”的需要、继续学习的需要。

有的同学说：“学数学整天和数字、公式打交道，太枯燥、太抽象了，一点没有兴趣。”其实，这是因为这些同学还没有真正学懂，还没有真正钻进去学。真正学懂了，钻进去了，你就会发现，数学的世界，也是一个充满了美的世界：数的美、式的美、形的美……这里蕴藏着无穷的乐趣。许多搅得你头晕目眩的问题，只要列一个或几个方程，立即可以解决；一些繁杂得令人生畏的数字，利用对数，马上变得十分简单；导弹还没有发射，通过计算，就可准确地预测它飞行的轨道和着陆地点；太阳系中的行星之一——海王星，还是数学家首先“算”出来的呢！如此等等，难道你不感到数学是非常神奇而又有趣的吗？

2. 示范激趣

为了激发学生对学科阅读的兴趣，教师的良好示范性阅读能起到非常大的作用。文章表达的主题、人物的情操、有趣的故事情节被教师用抑扬顿挫、优美和谐的语调，以及准确的情感处理，声情并茂地给学生诵读出来，能够一下子抓住学生的心。

例如，教师的示范性阅读，若能充满激情地读，充满感情地读，充满智慧地读，抑扬顿挫地读，波澜起伏地读，有板有眼地读，诗情画意地读，定能感染学生，定能激发学生的阅读兴趣。

教师的示范性阅读，时而声如洪钟，时而音如蚊蝇；时而汹涌澎湃，时而涓涓细水；时而手舞足蹈，时而泪流满面；时而滔滔不绝，时而断断续续……有时若再加之肢体语言，如手势、眼神、面部表情等，则效果更佳。示范，能让学生看到教师做了什么、是怎么做的，学生才能更好地尝试着也照老师的样子做。

教师的示范可以采用“有声思维”的方式，即教师一边朗读文本，一边大声地将自己思维的过程说出来，如何想就如何说。

又如，教学《为中华之崛起而读书》时，教师用平和的语气朗读课文的叙述部分，但关键处要有所变化，如“但这是在外国人的地盘里，谁又敢怎么样呢？大家只能劝慰这个不幸的女人”，反问句要读出愤怒但又束手无策的感觉，后一句读出无奈与可怜之感。通过语气变化体现当时中国人与洋人不同的地位。

再如，第一句“为中华之崛起而读书”，朗读时要坚定有力，一字一板地大声读，教师要读出周恩来的胸怀博大、志向远大。再如周恩来铿锵有力的“为中华之崛起而读书”，博得了魏校长的赞叹：“好哇！为中华之崛起，有志者当效此生！”此时教师朗读时要读出肯定、佩服的语气，让学生体会到魏校长被周恩来的话感染，产生的感叹之情。教师时而平和、时而愤怒、时而激昂的诵读，使学生犹如被带入当时情景中，深受感染。

数学学科在学生阅读训练阶段，教师要做出示范，要教学生一套自学符号及使用方法，指导学生如何将教材中的重点、难点、关键字词、概念、公式、定理、法则等进行圈、点、勾、画、批、注，如何筛选收集信息、提炼知识要点等。同时，教师要注重书本上数学语言的表达，并做出示范，使学生对数学语言会正确理解并使用。

例如：用下划线“____”或波浪线“～～～”标明重点词语；用“○”圈出关键词或用黑三角号“▲”标出关键词；用“？”标出有疑问的地方；用着重号“·”表示注意。也可根据自己的习惯，选择不同的符号作为记号。

3. 活动激趣

开展与阅读有关的活动，在有趣、丰富多彩的活动中，让学生体会到阅读的乐趣。如可以定期向学生展示他们的课内外阅读成果，使每个学生心理上产生极大的满足感，从而激发学生的阅读兴趣；也可定期举办各类主题竞赛，如朗读比赛、猜谜语比赛、故事大王赛、诗王竞赛、手抄报赛、成语接龙赛、阅读经验演讲赛等，以此来激发学生课内外阅读的兴趣。

4. 榜样激趣

榜样能使学生产生向上心理。平时，老师可以有意地向学生介绍古今中外热爱读书的一些名人名家，如文学家高尔基、伟人毛泽东、大作家冰心；也可以在班级中树立典型来激励学生，使学生逐渐产生阅读的兴趣。

5. 读物激趣

提高学生的阅读能力，光靠教科书是不够的。要指导学生利用一些课外时间阅读一些课外读物，以课内学习带动课外阅读，两个轮子一起转，以提高阅读兴趣。如今课外读物非常多，但良莠混杂。教师要依学生的年龄特点和认知水平，做好读物推荐工作。还可在班上发动学生捐书，成立一个图书角，供学生轮流阅读，资源共享。有几个数学不好的学生谈到数学、数字，就觉得枯燥乏味，头疼，提不起任何兴趣。于是教师想了个办法，从“数”

着手，引导学生到课外去阅读数的起源、古代各国的数的各异形态、阿拉伯数字的发展历史等，学生纷纷寻找素材，在数学课堂上组织了一次“数”的交流：古巴比伦数字、古中国数字、古罗马数字等图片展示及文字说明，让学生穿越时空，步入历史，亲历了一场“数”的演变史。学生感慨颇多：“数真是太神奇了，原来是这样演变来的；读了这么多的课外资料，第一次发现数学这么有趣，好像把我带到了神秘古国。”一场阅读改变了学生厌恶数学的态度。

（三）教给学生阅读的方法

古语云：“授人以鱼，三餐之需；授人以渔，终生之用。”得法者如鱼得水，无法者如盲人点灯。只有教给学生阅读方法，让学生会读书，才会达到事半功倍的效果。

1. 阅读的基本功

（1）会使用一般工具书（如字典、词典、《辞海》及各门学科的辞典、手册等）；

（2）会使用一般的实验仪器；

（3）会使用计算器，会操作电脑；

（4）会在书上画重点、做记号、写批注、记疑难点；

（5）会做读书笔记、索引和卡片。

2. 阅读基本方式

（1）浏览，是指目光跳跃式移动的一种阅读技能，眼睛以迂回的方式由上至下扫过页面。浏览只需从整体上去把握读物，不必逐句逐段地读，更不必咬文嚼字。其目的在于扩大知识面，追求的是阅读的广度。通过浏览提取读物重要信息、收集有用资料、迅速地概括主题。浏览大多用于阅读学科全套教科书或即将要学习的某册新教科书，或阅读一些“消闲的书”或阅读信息量比较大的报纸、杂志等。

（2）粗读（略读），是指阅读时对读物只需知道个大概意思即可，不必深钻细研，不需花费太多的时间和精力。粗读，一般要先看目录、序文、提要、章节标题，再浏览全文，综观大意。如，对某册教科书的阅读一般采用粗读；课外阅读读物一般采用粗读。学生课前预习，一般只需粗读，通过粗读，对所要学习的内容有个大致的了解或掌握，哪些已经懂了，哪些还一知半解，哪些完全不懂，并记下来，再有针对性地听老师讲课或请教别人。

（3）细读，是指在了解全书章节、内容基础上仔细阅读，不错过每一页内容，不能求快、贪快，囫囵吞枣。在阅读的时候，要能静心、耐心地看完每一个章节的主要内容，细致品读。对书中一些具体内容和具体要求，要能知道得较为详细，不能只了解书中大概。对于某个章节或单元教材的阅读，一般要做到细读，通过细读，弄清楚本单元的主题是什么，有几篇课文或几个知识点，内容是按什么顺序编排和呈现的，和以往学过的知识有什么联系，等等。

（4）精读，是指对读物的内容和形式作深刻的理解和把握，是进行阅读深度训练的主要技能。精读，要求在知识的重点、难点、疑点处反反复复地推敲揣摩，细嚼慢咽，深钻细研。精读特别适合阅读教科书、经典著作、重要文献等读物。精读的原则，一要求精勿滥，不宜一味追求数量与速度；二要熟透贯通，即从字词句到篇章结构，从各段要点到全篇主旨，都要透彻明了，融会贯通；三要精思深想，对读物要有深层理解，包括对内容的概括分析，对各部分及其相互关系的整体把握，对文中人、事、物的品评，等等。

精读语文课文的步骤大致如下：

①审题；②辨体（文体）；③标节码，勾生字，查工具书，读注解；④解新词；⑤写提要；⑥理层次；⑦记段意；⑧明中心；⑨质疑；⑩评写法。

（5）默读，是指不出声的阅读。读时不动唇，不出声，让文字符号直接输入大脑中枢。默读有速度快、不互相影响、不易疲劳、易集中思考等优点。看小说、书报、通知、信件等常用默读；课堂阅读需要时用默读。默读要“三到”：①眼到。只用眼睛看，不能用手指字一个个地读。眼睛离书距离要适当，保证一行字都在视觉范围内。眼皮要少眨动，最好看完一句或几句才眨动一次。②心到。思想集中，边看边想。碰到疑难，多看几遍。一边默读，一边提出“为什么”的问题。③手到。边读、边画、边写，学会圈点。画重点词句，写自己的看法、疑问。

（6）朗读，是指用清晰、响亮的声音把文章念出来。通过朗读，可以把文字透彻地表达出来，使书面静态的字句充满立体动态感。正确地读：发音清楚、响亮。不读错字、不丢字、不添字、不“吃”字。流利地读：读得通顺流畅。词连读，句子连读；不破词，不破句；不停顿，不重复；快慢得当，不唱读。有感情地读：注意运用停顿、重音、语调、速度、节奏。方法方式：包括范读法、伴读法、轮读法、接读法、引读法、领导读、交互读、指名读、表情读、抽签读、对话读、分组读、高低音读等。

（7）诵读，指的是把文字作品转化为有声语言的再创作活动。诵读是对课文内容自我感受、自我体验、自我欣赏的一种读书方式。诵读要求比朗读高。诵读时，一要深刻透彻地把握文章的内容；二要合理地运用各种艺术手段，如停顿、重音、语速、语调等；三要熟读成诵（背诵）。诵读最适用于那些声情并茂的课文，如诗歌（尤其是古诗）、小说、写景或抒情的散文。诵读不等于朗诵。诵读不是表演给别人看的，而朗诵是表演给别人看的，还可以配合表情手势。

（8）速读，是指在一定时间内快速地获得尽可能多的文字信息的阅读方式。速读不仅是提高学习效率的需要，也是现代社会快速发展的需要。常用的速读方法有：①计时阅读法，就是通过计时训练，使思想高度集中，快速、高效地摄取、筛选与储存知识信息；②整体认读法，就是把全文完整地、连贯地作快速阅读，“一目十行”“一目一页”地读；③意群注视法，就是在阅读时不是一个字一个字、一个词一个词地读，而是把句中相关的词连成一个较大的单位，一组一组地读。除此之外，速读还有首尾阅读、框架阅读、点睛阅读、察读、飞读、点读、跳读等方式方法。

3. 常用阅读方法

（1）摘读法。就是在阅读中，摘抄重要的字、词、句子及精辟的观点。这种读书方法的重点在于有目的地一边阅读，一边摘录自己所需要的有关内容。教师在教学中要提出摘读的要求。

（2）查读法。就是在阅读中遇到不懂的问题，通过查阅相关资料来帮助阅读理解。查读的途径通常有三种：一是利用工具书，如字典、词典；二是到图书馆查找，要学会使用文献、书目、索引等；三是使用网络搜索引擎。

（3）画读法。就是在阅读中边读边正确地勾画出有关的重、难点内容，以便于理解应用和考查。它的目的在于有重点地掌握阅读中所需要掌握的内容，便于攻克难点，解除疑点，培养学生按要求找画内容的阅读能力。

（4）询读法。就是在阅读中发现疑问时，做出标记或摘录下来，通过请教别人使问题得以解决。它的目的是在于使学生树立“能者为师”“不耻下问”的治学观点，培养学生虚心好学的精神。

（5）理读法。就是通过对文章的整体阅读分析、反复琢磨，以理清文章思路、结构、层次，理解文章的中心内容、线索，掌握文章的写作思路，有规律地对文章进行思路分析和结构分析。

（6）议读法。就是通过同学间的讨论，解决阅读中的疑难问题。它要求学生在阅读中抓住关键疑难，提出自己的见解并找出依据，然后与同学、老师共同讨论（包括评论、争论），在讨论中各抒己见，进行探讨，从而掌握文章内容，明辨是非曲直。

（7）疑读法。就是要求学生在阅读中善于质疑问难，边读边想，发现问题，然后带着疑问去查读、询读，去解决问题。教师要善于引导学生在学习中发现问题、探究问题，要敢于多问几个“为什么”，从而培养学生的问题意识，在不断的发问中提高学生的阅读能力。

（8）选读法。就是根据学生的兴趣和爱好选择对自己学习有帮助的知识、文章进行阅读，而对自己无用的东西可以避而不读。它能培养学生从实际出发，抓住主要矛盾，有目的、有意识地培养自己的选择能力。

（9）比读法。就是要求在阅读中把不同的篇章、优劣各异的内容，相同或相反的知识点，通过比较找出其异同，加深对文章的理解，特别是课外阅读的文章与教材范文进行比较，既可以加深对范文的理解，又可以扩大学生的知识面。

（10）注读法。就是在阅读过程中发现疑难之处或对文章有不同看法时，可以在文章的书页空白处进行批注，发表个人评论意见，提出质疑，阐述自己的见解。这种读书方法能培养学生的辨析能力，提高学生明辨是非曲直的能力。

（11）问读法。就是读书的时候带着好奇的或审视的而不是迷信的眼光去读。善于在表面上看来没有问题的地方提出问题，即学会“无疑处生疑”。用审视的眼光去读书，获得的思想和知识会在头脑中留下极其深刻的印象。

（12）寻读法。就是在阅读时忽略文章中与意想目标无关或并不新颖的内容，而以搜索相关信息为目的。它是目光跳跃式移动的一种阅读方式。用寻读法浏览阅读材料时，眼睛是以迂回的方式由上至下扫过页面。

4. 不同文体读法

（1）语文学科

①字、词、句、段、篇、册等的读法

总体要求：首先读正确、读懂；进而读出感情、味道；最后读出特点、特色。

a. 读好字

总体要求是规范。

读得对：多音字、多调字。

读得准：平、翘舌音，前、后鼻韵母，易混声母、韵母，声调。

读得清楚响亮：不含糊、不拖音。

b. 读好词

读好词的基本要求是：词素连读，读好轻声，读好“儿化韵”，掌握变调的规律，读好语气助词“啊”，注意词的感情色彩。

c. 读好句

句子是表达一个完整意思的语言单位。每个句子的构句方式不同，所表达的内容不同，抒发的情感不同，特点和规律呈现多种变化。朗读时掌握与文句相适应的停顿，有助于正确、清楚、生动地表达文章的意思。

句子的停顿有语气停顿、标点符号所表示的停顿、语法要求的停顿、逻辑的停顿、感情的停顿。

句子的重音。重音是为表达情感内容服务的，朗读时，重音摆放的位置不同，意思就完全不同。重音分为语法重音、逻辑重音、感情重音。

句子的语调。句子按照用途分类，有陈述句、疑问句、祈使句、感叹句四种，朗读时不同类型的句子语调也是不同的。

d. 读好课文

学会读懂“单元提示”，了解本单元的学习重点，掌握所提示的知识，确定学习的主要方法。学会使用“预习提示”，记住文体、文学、文章的读写听说知识，确定阅读的思路和方法，利用工具书理解或掌握规定的字词。学会使用“自读提示”，记住有关知识，把握课文特色，规定自读的思路和方法。学会使用“课文注释”（注释分四类：识记文体、文学、文章知识和生字、词）；理解专门名词和不常用的词语；掌握常用而生命力强的词语和课本规定的造句、写话的词语。

②散文、记叙文、议论文、说明文、文言文、诗歌、小说、寓言、童话等的读法

各种文体阅读重点：记叙文重在梳理“四要素”；说明文重在表达方式；文言文重在古译今；故事类（童话、神话、寓言等）重在复述；诗歌（童诗、古诗、现代诗等）重在诵读、背诵、默写；绘本重在图文结合。

古诗文的阅读：首先，读正确、读流利、读出节奏；其次，想象画面读，读出意境，读出韵味；然后，了解作者的生平经历，写作背景等，更深入地理解作者的情感，融情于诗文，读出感情，真正做到读中感悟，读中理解，读中升华。

诗歌的阅读：和古诗文的阅读有许多相似的地方，如读出情感、节奏，想象画面读（“思维电影”）等。

读通，感知诗歌的韵律美；

读熟，发现诗歌的凝练美；

读厚，想象诗歌的画面美；

读美，感受诗歌的精妙美；

读远，传递诗歌的情感美。

感悟中心，揭示美好。感受诗歌告诉我们什么，发现段落关系，揭示美好，读出美好。

想象创作，表达美好。实现工具性与人文性的统一。

小说的阅读：结合小说的特点，抓住人物、情节、环境等要

素进行阅读。尤其注意小说中人物的语言、动作、神态等细节描写，反复朗读品味，体会人物的内心世界。

说明文、说理文的阅读：因其观点鲜明、结构清晰、语言准确的特点，通常会运用“图像构架”的阅读策略，通过对文本内容的形象化陈述，显示文本中的关键概念是怎样联系起来的，帮助学生想象观点之间的关系，让他们对文本形成一个整体性的理解。

在阅读时，指导学生采用画图、填表、制作网格等形式，将文本的主要内容、表达顺序、各部分间的关系等以视觉化方式呈现，并作出解释与评价。

（2）数学学科

①数学教材的阅读

②概念、法则、公式、性质、定律、公理、定理、例题、习题、图表的阅读

③数学思想、数学方法的阅读

数学教材的阅读：

数学教材是学生学习材料、阅读材料的主要来源，而不仅仅是教师讲课材料的来源，更不能变成“习题集”。要阅读好数学教材，就要弄清数学教材的结构和编写特点。

数学教材的一般结构（初中课本体现较多）：直观素材→数学概念→得出规律→应用举例。

学习一个新知识，教材一般是先举出大家熟知的事例或在实际生产生活中的问题作为引进新概念、新知识的直观素材；接着将这些素材进行计算、对比、概括、抽象，找出它们的本质特征，

给出定义；然后从新概念和已知知识出发得出一些规律（公式、定理、性质、法则及数学方法）；最后通过例题列举这些结论的应用。

以上结构有时在一节课里能完整体现，有时需要在一个单元里才能体现完整。代数教材里一般结构是：直观素材→数学概念或规律→应用举例。而在平面几何教材里，前述四个层次体现得比较完整，但都不是绝对的。不同的教材内容，还有不同的处理方法。阅读时，重点应放在第二、三个层次，切实把基础知识弄通搞懂。

数学题目的阅读：

教学中，常发现有的习题学生解答不出时，只要教师让他将题目重读一遍，有时甚至只读到一半，他就会叫道："哦，原来如此！我会做了。"

更有不少学生由于没有仔细读题，对题意一知半解，造成许多不应该出现的错误。诸如此类问题出现的原因，一般都与学生没有养成良好的阅读习惯有很大关系。

教师要根据学生的年龄特点，对读题的形式和要求做出明确的规定，如中高年级学生可以大声读、轻声读、默读。

要读通句子，不漏字、不添字，做到"字字出声慢读题"，轻读后再默读看题。

难度较大的题，要咬文嚼字，就是要善于抓住各类题中的关键字、词或句，准确理解其表达的意义。

在读题审题的过程中抓住重点难点，是学会审题的最高境界。

教学中，教师可要求学生"读题三遍再下笔"：第一遍先通读题意，弄清已知未知；第二遍会用自己的话解释题意；第三遍要找出关键点，找出数量关系。学生逐渐养成解题前认真阅读题目的习惯后，解题的正确率就会大大提高。

数学阅读的特殊性：

由于数学语言的高度抽象性、严谨性、精确性，尤其是符号语言和图形语言跟自然语言差别很大，因此，数学阅读要求认真细致、反复推敲、勤思多想。阅读中要注意内部语言的转化过程，灵活转化阅读内容。如，把一个抽象的内容转化为具体的或不那么抽象的内容；把用符号或图形语言表述的关系转化为文字语言的形式；把文字语言表述的关系转化为符号或图形语言等。所以，在数学阅读过程中，教师要引导学生充分认识和处理数学阅读的特殊性。

（四）培养学生阅读习惯

研究表明：一般地，越是优秀的学生，独立阅读的习惯就越好，而良好的独立阅读的习惯又逐渐转化为一种能力，从而为独立阅读活动提供支撑和保证。

教学过程中要着重培养学生以下“四个一边”的阅读习惯。

1. 一边阅读一边思考

要提高阅读的效率，就必须学会一边阅读一边思考，在思考中阅读，在阅读中思考。阅读的过程应是一个积极的思考过程。如果仅仅读书而不思考，就不可能真正把书读懂。教师应根据不同的阅读对象和任务，向学生提出不同的阅读要求，让学生带着问题边阅读边思考。

敢于提问质疑。学生阅读中会产生很多的问题，教师要鼓励学生质疑。刚开始，有些学生不会提问题，提出来的问题往往是毫无意义的，甚至是幼稚的，但这是思维的火花，教师应善待，这样，学生才敢思、敢问，才会逐渐产生更多有价值的问题。

善于总结反思。阅读后，要养成总结反思的习惯。即问自己：阅读了哪些知识？哪些是自己独立理解的？哪些是在教师或同学的帮助下弄懂的？还有哪些不懂的地方？如何处理？找出成绩和不足，取长补短，不断提高自身的阅读能力。

一般来说，读完一篇文章或一本书后，应引导学生去思考以下问题：

（1）这篇文章或这本书说了什么？

（2）作者写这篇文章或这本书的目的是什么？他达到目的了吗？你怎么看？为什么？

（3）作者的基本观点是什么？你觉得他的观点有偏颇之处吗？在哪里？

（4）作者用了什么事例来证明他的观点？他的论证充分吗？他的假设可靠吗？

（5）这篇文章或这本书里有什么重要的概念或主张吗？

（6）作者的推断是什么？基于作者给出的论据，你会得出什么样的推断？

（7）这篇文章或这本书对你来说，有什么意义？

阅读数学教材，一边阅读一边思考，就是要做到：

（1）对于课本给出的直观素材，要着重思考这些素材的共同的本质特点是什么；

（2）对于概念，要抓住关键词句进行思考；

（3）对于规律（公式、定理、性质、法则）应着重思考它们的条件是什么，结论是什么，怎样推导证明，在什么范围内可以应用；

（4）对于结论的应用，应着重看懂书上的例题。

2. 一边阅读一边动笔

在阅读中，教师要培养学生“不动笔墨不读书”的好习惯，学会边读边批注、边读边笔记、边读边演算、边读边画图。

学生在阅读之前，必须准备好笔和本子；阅读过程中，要随时记下关键词语、疑难问题，重点知识在课本上批、画、圈、点。

动笔画一画：阅读时，画出课文中的重点字、词、句，以便在适当的时候提醒自己；画出教科书中的概念、术语、公式、法则等，以便查阅和记忆；画出阅读中不理解的地方，以便质疑。

圈点，碰到重要的观点、精彩的描绘、关键性的词语、精辟的论述、发人深省的警句，或是有疑问，都可以用不同的颜色、不同的符号，圈圈点点，标示出来。这种方法简便易行，节省时间。

划线，可划单线、双线，直线、曲线，粗线、细线。疑问处可用问号，赞叹处用叹号，特别引起重视处可用圆圈、着重号等。

画记号，要告诉学生不要过密、过多，如果通篇都是圆点或线条，会使人眼花缭乱，而且也看不出重点来。

画画，有时用简笔画、幽默画帮助学生理解课文内容，能起到很好的作用。

如，成语“五体投地”，语言不好表达，肢体表达又难为情，若用简笔画来表达，则非常形象直观。

又如，学习数学，经常必须画出直观的线段图、平面图形等示意图，变抽象为直观形象，帮助自己分析题意和数量关系。

例：学校运动会上，小刚、小强和小力都参加了1500米赛跑。跑步时，小刚和小力相距113米，小强和小力相距210米，小刚和小强相距多少米?

这道题是有两种情况的，如果单从字面上，学生很容易被三个人名、三个数字给绕进去。这时如果采取画图的方式就比较好理解了。让学生用图形代表三个人物，然后根据题意画出他们的位置关系。

动笔写一写：读完一本书或一篇文章，要养成把体会、收获、感想、疑问、评价等及时地写下来的习惯。这就是心得笔记，这是提高认识，强化记忆，提高习作能力的好方法。这种方法比较适合中高年级的学生。心得笔记最常用的就是写读后感，即写读后的感受和体会，要求学生处理好“读”与“感”的关系，要做到有感而发，突出重点。

3. 一边阅读一边动口

低龄儿童以朗读为主（因为低龄儿童识字不多，或一字一顿地读，或用手指着字读，或跟着老师或模仿老师的读法来读）；中龄儿童以默读为主；高龄儿童以浏览性阅读和抓住关键词语和信息为主。

理科书中，难度较大的一些概念、法则、定理、例题、习题等，有时需要多读几遍，以便更好地理解题意。

如，数学一边读一边说。

内容：说数、说式子、说方法、说思路、说过程、说做法。

形式：正反说（6能被3整除，3能整除6）；比较说；边看边说；边做边说；边想边说；讨论说；辩论说；想想再说……

能说出来的是自己所想到的，想不到的肯定说不出来。

4. 一边阅读一边动手

“手是脑的老师。”人的思维往往是从动作开始的，切断活动与思维的联系，思维就不能发展。所以在教学中，教师要十分重视培养学生一边阅读一边动手的良好习惯，要让学生通过一边阅读一边动手实践操作去探究问题解决的方法。教学中可采用“折一折、剪一剪、拼一拼、摆一摆、验一验、量一量”等方式，让学生通过亲自触摸、观察、测量、计算、作图和实验，把视觉、听觉、运动觉等协同利用起来，使问题得以解决。

动手做一做：

如：“一块长方形铁板，长30厘米，宽25厘米，从四个角切掉边长为5厘米的正方形，然后做成无盖的盒子，这个盒子的容积有多少毫升？”为了帮助学生更好地理解题意，教师在让学生读完题目后，可指导学生按题目要求，先做一个无盖的纸盒子，这样学生就很容易求出盒子的容积了。

动手做卡片：

阅读时，碰到好词好句、重要的资料、观点、心得等，可及时抄在小张的纸片上。阅读过程要善于积累资料，这对今后的学习、习作极为有用。卡片有词语卡片、知识卡片、心得卡片等。教学生注明资料的出处，如书名、篇名、作者名，出版单位，出版年月日，页码，期数等。歌德说：“我在这一点上就像一个人在年轻时积累了许多银币和铜币，年岁愈大，这些钱币的价值也愈提高。

到了最后，他年轻时的财产在他面前块块都变成了纯金。”

（五）指导学生阅读的策略

1. 切实过好“三关”

（1）教读阶段的“教读关”

当多数学生还不会自己独立学习的时候，课堂教学应以教师的教为主，教学生如何把教材读懂。课堂上教师要在学生课前预学的基础上，结合课文及“导学思考”中提出的有关问题，一边引导学生阅读课文，一边逐字、逐句、逐段地分析讲解课文，一边启发学生积极思考有关问题。教师要教学生分析理解课文内容，读字、词、句、段、篇，读概念、法则、公式、定理、例题，发现问题、思考问题、解决问题，归纳小结，等等。

（2）导读阶段的“导读关”

通过教读阶段的培养，学生具备了一些自我阅读能力，这时，教学应以学生的“先学”为主，教师的教应在学生的学的后面。也就是，学生根据课前预学的基础，在教师的指导下，再次阅读课本，通过思考或小组讨论（含交流展示）后，解答“导学思考”题中设计的以及课前预学自己遇到、想到的未能解决的问题。

本阶段教学的侧重点应放在“指导学生读”上，教师重在帮助学生掌握教材重点，突破教材的难点，掌握科学的阅读方法，培养良好的思维品质。

（3）自读阶段的“自读关”

在教读和导读的基础上，多数学生已具备一定的阅读能力，教师应放手让学生参考“导学思考”题中设计的有关问题自读课文。

教师只需要帮助一般学生解决疑难问题，对学习困难生进行个别辅导，优生不需导学思考题也能读懂课文，能自己掌握新知识，甚至能有所创新。

对于多数学生而言，进入自读阶段后，课前先学可免去，直接进入课内自学。

应遵循“三先三后”：

①先扶后放

阅读能力的发展经历从低到高的过程，需要教师和家长教给学生基本的阅读方法，帮助他们培养良好的阅读习惯，引导他们进入阅读的“大门”。训练阅读能力的目标最终是使其成为独立的高效率读者，但这并不能一蹴而就。在训练开始之际，教师和家长应当通过示范、提醒、启发等方式“扶”他们一把；随着学生对基本方法的掌握及阅读水平的提高，则应该减少帮助与干预，慢慢放手。

②先易后难

根据学生的实际水平，选择恰当材料，由易到难是极重要的。一般而言，阅读材料中生字词不超过字词总数的5%。在题材上，学龄前的儿童以童话故事、短小的诗词为主；小学生阅读材料应以记叙文为主，简单的说明文、议论文为辅，意义明了、朗朗上口的短诗、儿童诗也可以。在文体上，童话、传奇、民间小故事也是为小学生喜欢的。另外也可以让小学生看报纸上的短新闻。

③先单篇短章，后读大部头

有时教师和家长抱怨自己的孩子读课外书没有恒心，一本书读了个开头就搁下。其实，让小学生硬着头皮攻读大部头原本就是不恰当的。大部头中信息量大，其中关系错综复杂，要求读者有较好的记忆力、连贯能力，否则读到后头忘了前头，始终一团乱麻。而小学生抽象思维能力刚刚发展，即便坚持读完大部头，也免不了糊里糊涂，不知所云。所以，应让小学生读单篇短章，再视具体情况指导小学生读 大部头或大部头中的某些章节。大部头一般留到初中后去读。

2. 处理好三个关系

（1）浏览与精读的关系

“浏览”就是快速地阅读书籍或文章，只需要知道个大概意思就可以，没有必要深钻细研。浏览侧重于快速地捕捉某些信息或选择一些资料。

“精读”就是要细嚼慢咽，深钻细研。精读侧重于阅读理解、领悟与分析。精读的训练要在先，精读训练基本过关，才可以进行浏览（或略读）的训练。

（2）朗读与背诵的关系

对学习语文和英语等文科来说，光靠默读、浏览是不可能掌握好语言技巧的，而要做到大声地朗读，反复地读，而且要读得准，读得生动、自然，读得有感情。

有些书的内容光朗读还不够，还要在理解的基础上，在多读、熟读的基础上会背诵。一些经典文章、段落、诗歌等要会背诵。

（3）知难而进与退、绕、停、避的关系

学习本应有知难而进的精神，但有时为了提高读书的效率，采取“以退为进”“以绕为进”“以停为进”“以避为进”，也是必要的。

“退”就是当读到某个内容时，可能涉及其他某方面没有掌握的有关知识，这时可以退回来补一补某方面的有关知识，或向别人请教后再继续读下去。

“绕”就是阅读中，当遇到特别难懂处，且这个难点又不影响后面的学习内容，这时可以暂时绕过去，继续往下读，到了后面再回头看看，也许难懂的问题这时就不难了。

“停”就是在阅读时遇到难懂而且是十分重要的内容时，就应该停下来仔细琢磨，直到弄懂弄透为止。不要“欲速则不达”。

“避”就是放过去，不管它。读书总有个目的，阅读时就要根据这个目的进行，善于避开我们暂时不需要了解的知识，以达到阅读的目的。

阅读的方法是多种多样的，要指导学生根据各自的情况，创造出适合自己的实用的有效的读书方法来。不论采用什么方法，在教学过程中教师一定要努力做到凡是学生看得懂的就要留出时间让学生动眼去看，教师绝不要包办代替。只有这样，学生的阅读能力培养才能真正落到实处。

核心能力培养之教会学生思考

怎样培养学生独立思考的能力?

（一）要营造良好的课堂氛围

1.“九不要”“六敢于”

教师要努力营造宽松、自由、民主、平等、安全、开放的课堂氛围，不要给学生太多的限制，不要搞师道尊严，不要体罚或变相体罚学生，不要挖苦讽刺或不理睬学生，不要指责嫌弃学生，不要将学生考试成绩在班上排名公布，不要对学生说话老板着脸孔，不要对学生的质疑或答问表示不耐烦，不要随意打断学生的发言。这样，才能真正使学生感到在课堂上毫无压抑感、毫不拘谨、毫不害怕，从而敢于独立思考，敢于大胆提问，敢于质疑问难，敢于发表不同意见，敢于打破砂锅问到底，敢于“不唯师”“不唯书”。

一位小学数学老师给低年级学生讲两位数进位加法应用题。老师在黑板上板书题目：树上有13只鸟，又飞来9只鸟。未等老师写完问题，有的学生马上接下去说：“树上一共有几只鸟？”老师转过身来批评学生说：“谁叫你们说的？”学生不敢再说了，老师又转向黑板，继续写道：树上一共有几只鸟？许多学生低声说：“就是嘛！”老师当没听见似的，接下去说：“下面我们来分析一下，这个题目怎样列式？”不少学生又马上说：“13 + 9 = 22。”这时老师又生气了，严厉地批评学生：“谁叫你们又乱说的，不好好听老师讲，老师都还没有分析，真是没有纪律性。”

接着老师又认真地分析这个题目的已知条件是什么，要求什么，并用有色粉笔在“条件”上画上横线，在“问题”上画上波浪线，然后列出式子并写出结果：13 + 9 = 22。不少学生又感到不服气，低声嘟哝：“我们也对嘛！”至此老师还不罢休，还要在家长留言簿上针对那些爱发言的学生写上：“今天你的孩子在课堂上未经老师同意乱插话，不遵守纪律。”可想而知，这些学生在家里肯定又要受到家长的批评。从此，学生哪里还敢发言、提问，干脆知道的不说，不知道的也不说。久而久之，什么大胆发言，什么独立思考，什么踊跃参与，都成了一句空话。

2. 教师的讲解要留有余地

就是教师的讲解不宜过细，要给学生留有思考、探究和自我开拓的余地。否则，看似讲透，实则难以内化为学生的东西，学生的独立思考能力也无法形成。因此，在教学过程中，对于最基本、最主干的东西要讲清，以利于知识迁移；而对一些扩展性问题、简单的推导和论证、前后知识对比以及区别和联系，对知识和方法的归纳、总结等，可以给学生留出余地，激发学生自己去钻研思考。

教师不要包办代替太多，以免造成学生的依赖思想。

（二）要创设合适的问题情境

1. 精心设计问题，引发思考欲望

（1）要善于把课本中的“句号”改为“问号”。教师每节课都要精心设计若干个有思考价值的问题，并留出一定的时间让学生去独立思考。教师不要急于把答案告诉学生，要做到“道而弗牵，强而弗抑，开而弗达”。其意思就是：要引导学生，但决不牵着学生的鼻子走；要严格要求学生，但决不使学生感到压抑；要在问题开头启发学生思考，但决不把最终结果端给学生。教师要善于让学生带着问题进教室，又带着问题出教室，在课结束时再留给学生一些悬念和问题让其去思考。教师要善于紧紧抓住知识的重点、难点、疑点，精心设计提问。

一个问题可以从不同角度、不同层次对学生进行设问。要加强对学生一题多问、一题多解、一题多变、一事多写、一文多议的训练。

（2）要精心设计导语。精彩的导入往往能创设良好的课堂氛围，成为激发学生思维的动力。例如：在讲《口技》一课时，先创设教学情境——播放录音《洛桑学艺》，来激发学生的思维，要求学生努力听，三分钟后让他们口述从中听到什么、洛桑表演了哪些内容。紧接着启发学生：假如一个表演者，在舞台上两手空空，他却能模拟出“泰坦尼克号”的汽笛声，“弹”出清婉的《二泉映月》，他依靠的是什么本领？这在曲艺中被称作什么？学生将不知不觉被带入《口技》之中。

（3）要精心设计思考题。如在教学《醉翁亭记》一文时，设计以下一些问题：

①比较欧阳修和范仲淹两人的遭遇，找出他们的共同点；

②探究《醉翁亭记》和《岳阳楼记》两篇文章主题的异同；

③比较欧阳修和范仲淹两人的思想境界，你更认同他们中的哪一个的思想？为什么？

通过这种问题情境的设计，学生对两文的理解就达到更深的层次，也培养了学生的思维能力。

2. 教学因材施教，分层分档要求

一般来说，对于优等生应采用“放”的方式，为他们提供更为广阔的独立思考的时间和空间；对于中等生应采用“激”的方式，为他们提供要求适中的问题，逐步养成其独立思考的习惯；对于学困生应采用“诱”的方式，多给一些鼓励和启发，形成其独立思考的自我意识。

教师在备课时，可把在课堂上要提的问题分成难、中、易三

个档次，分别向好、中、下三种不同程度的学生提问。也可以先让成绩好的学生回答难题，再让中等偏下的学生复述一遍，特别是学困生，只要他们的回答基本正确，就要加以肯定和鼓励。

（三）启发学生敢于、善于提问

培养学生独立思考能力，光靠老师的提问是不够的，教师更应引导学生敢于提问、善于提问。因为问题是思维的火花，没有问题哪来思考？没有思考哪来创新？没有创新哪来发展？

1. 为学生创设问问题的机会，鼓励学生敢于问

（1）给学生留出问问题的时间。每节课可留出几分钟让学生问问题；也可要求学生每人备一个问题本，随身携带；还可在教室里备问题簿或问题墙，要求学生对迸发的各种奇思异想及时记录；还可定期评选最佳问题和最佳提问题人。

（2）给学生留出想问题的空间。教师可通过精心设疑，为学生制造“愤悱”情境，激发学生积极思考解决问题的欲望。教师设疑的方法通常有：①在课题上直接设疑；②在教材重难点和关键处设疑；③在新旧知识联系上设疑；④在解题思路上设疑；⑤在比较上设疑；⑥在谬误上设疑；⑦在疑难上设疑；⑧在深化上设疑。教师设疑时：难易要适度，层次要清晰，方法要灵活，形式要新颖，时机要合适，目的要明确，问题要有启发性，内容要有针对性。

（3）消除学生“懒问”的思想。有些学生不是智力上的问题，而是非智力上的“懒”，就是不想想问题，不想问问题。学生不想去想问题，思维就得不到锻炼，久而久之，脑袋就要“生锈”。所以，教师要消除学生的这种“懒问”的思想，鼓励学生积极地

去想问题，积极地去问问题。一语文老师应邀外地上《故乡》。行前，他先要求学生熟悉一下课文，提出一些问题来。可是学生说，已经读懂了，所以一个问题也没有提出来。这位老师到达后，并没有急于上课，而且再给时间让学生读课文、想问题，鼓励学生积极提出问题，并表扬问题提得多的同学，结果学生提出了 300 多个问题。

（4）保护学生提问题的积极性。老师们普遍喜欢课堂上学生规规矩矩，不喜欢甚至讨厌哪些爱插嘴、好提问题的学生。若问浅了，则不屑一顾；若问深了，则认为是故意捣蛋；若问到老师不会回答的问题，就会怒火中烧。

好动，是孩子的天性；好问，是智慧的摇篮。教师对那些在课堂上爱说话、爱提问的学生，不要用简单的纪律和语言加以约束和制止，而是要了解一下这些学生到底想说什么，是否对讲课内容有疑问，是否想出了什么新思路、新观点或新方法。

教师要让学生把话说完，不要害怕学生提问题或说话。特别是对学生的一些肤浅可笑、异想天开或标新立异的问题，切不可嘲讽、指责。

一位美术老师在教学生画苹果时，大多数学生都按照老师的要求去画，有的还画得非常像，唯有一位学生画了一个似苹果非苹果、似梨子非梨子的“怪物”。当这位老师看完这位同学的“杰作”后，并没有去责骂、批评这个同学，而是耐心地请这位同学说一说为什么要画成这个样子。这位同学说：“我吃苹果的时候，感到苹果圆滚滚的，不好下口，而且苹果没有梨子的汁多，所以，我想如果有一种苹果不仅是扁形的，而且香脆、果汁又多就好了。

因此，我就画了这么一种苹果。”听完这位同学的发言后，老师不仅当全班同学的面表扬了这位敢于幻想的同学，而且还给这位同学的作品打了最高分数。通过这件事，全班同学都受到启发。

2. 教给学生问问题的方法，使学生善于问

（1）教师要做好示范和指导。为了使学生善于提出问题，教师应经常为学生做些示范，让学生从中掌握一些如何设计问题的方法。在教学过程中，教师首先应鼓励学生敢于大胆地提出任何问题，然后教师再帮助学生对这些问题进行分析，看看哪些问题提得好、提得有意义，哪些问题提得不够好、意义不大，并结合学生提出的问题，指出今后提问题时应注意什么。

教师要教给学生找问题的方法：①在知识的来龙去脉上找。如学习“分数的基本性质”时，可提出“它与商不变性质有什么关系”等问题。②在知识的为什么上找。对某个问题要能提出为什么要这样做，为什么不那样做，如果那样做会怎么样。

教师要教给学生提问题的方法：①追问法。即在某个问题得到肯定或否定的回答之后，顺着思路对问题紧追不舍，刨根究底地继续发问：“为什么……”②反问法。从教师或教材内容的相反方向提问：“难道……”③类比法。对于某些相似概念、定律、性质，通过比较和类推提问，如“比和分数有什么相同点和不同点”。④联系实际法。通过对实际生活中一些现象的观察和分析提出问题，如“车轮为什么做成圆的”。

（2）指导学生敢于、善于质疑。疑是思之始，进之曲；疑就是矛盾，就是问题；疑表现了一种求知欲，包含着智慧的火花。古人说：“小疑则小进，大疑则大进。”所以在教学过程中，教

师要鼓励学生敢于质疑，做到不迷信、不守旧，不唯书、不唯上；敢于对老师讲的、课本上写的、专家权威说的提出自己的不同见解；敢于打破砂锅问到底，敢于“班门弄斧”，敢于异想天开。教师还要指导学生善于质疑，特别要善于从无疑处生疑。如《三国演义》中写刘备身高 7.5 尺，张飞身高 8 尺，关羽身高 9 尺；《水浒》中写武松身高 8 尺，武大身高 5 尺。善于质疑的同学就可能会提出这么一个问题：“古人身高超过今人吗？”实质上是古代的“尺”比我们现在的小。

要让学生懂得何处质疑：a. 难点处；b. 关键处；c. 困惑处；d. 易错处；e. 无疑处。

要让学生掌握质疑类型：a. 疏通型（初读课文后提出）；b. 深究型（思想内容、深层次问题）；c. 鉴赏型（如为什么不用“骗”箭，却用“借”箭）；d. 延伸型（如既然蝙蝠的眼睛对探路没有用，它还长眼睛干什么）；e. 评价型（如《狐假虎威》：大大小小的野兽都吓得撒腿就跑，对吗？大象、狮子就不跑）；f. 验证型（如伽利略的两个铁球同时落地试验）。

要让学生知道质疑方式：如教《美丽的小兴安岭》时，可以这样质疑：a. 什么叫千万缕？（直问式）b. 为什么会出现千万缕？（追问式）c. 既然千万缕阳光照射在草地上，那怎能说森林被覆盖得严严实实？（反问式）d. 既然千万缕是千万条的意思，为什么课文还要用千万缕？（比问式）

（3）指导学生根据学科特点提问题。如在学习数学定理时，通常可按以下内容提问：

①这条定理的背景是什么？

②如何证明这条定理？证明方法是如何想出来的？

③还有什么不同的证法？什么证法最好？为什么？

④减少或改变定理中的某一或某些条件，对结论将产生怎样的影响？

⑤这个定理作为一个命题，其逆命题是否也真？

⑥这个定理有些什么推论？能否推广？

⑦这个定理主要在哪些地方应用？应用时要特别注意什么？

⑧这个定理的地位及与其他定理的关系怎样？

3. 及时解答学生的问题，保护其积极性

对学生提出的这样或那样的问题，教师应该给予鼓励和保护，还应采用有效的方法及时给予满意的回答。

（1）解答学生提问的常用方法：直接法、指点法、反问法、代替法、自查法、实验法、猜测法、讨论法、减坡法、分析法、悬挂法等。

（2）解答学生提问应注意的几点要求：态度要热情，解答要及时，要面向全体，要有针对性，要及时积累。

（四）培养学生独立思考习惯

研究表明：独立思考与学习效果具有正相关关系。一般地，越是优秀的学生，独立思考的习惯就越好，而良好的独立思考的习惯逐渐又转化为一种能力，从而为独立思考活动提供支撑和保证。教学过程要着重培养学生以下“四个一边”的思考习惯：

1. 一边阅读一边思考

阅读的过程应是一个积极的思考过程，教师应根据不同的阅读任务和性质，向学生提出不同的阅读要求，让学生带着问题一边阅读一边思考，在思考中阅读，使阅读更有效。

宏观地说，一边阅读一边思考就是要弄清：课本是怎样提出问题的？是怎样分析问题和解决问题的？

具体地说，一边阅读一边思考就是要做到：

（1）对于课本给出的直观素材，要着重思考这些素材的共同的本质特点是什么；

（2）对于概念，要抓住关键词句进行思考；

（3）对于规律（公式、定理、性质、法则），应着重思考它们的条件是什么，结论是什么，怎样推导证明，在什么范围内可以应用；

（4）对于结论的应用，应着重看懂书上的例题。

思考是对输入大脑的阅读文字信息的识别与加工。阅读中必有思考，要指导学生根据教师设计的导学提纲和阅读思考题，联系运用已有的知识经验、思想方法边读边思考。尤其对重点、难点内容要字斟句酌，咀嚼体味学科语言的内涵，探究领悟知识的来龙去脉，把握问题解决的思路与方法，形成自己的见解。

2. 一边听讲一边思考

听，就是听老师讲课、听同学发言。要教学生学会一边听讲一边思考。

（1）听老师讲课。① 听老师是怎样讲清新旧知识的联系的；② 听老师是怎样分析课文，怎样讲解有关概念、定律、法则、公式的概括、推导及应用的；③ 听老师是怎样讲解重点、难点内容的；④ 听老师是怎样在新课结束时作总结性发言的。

（2）听同学讲。① 听同学是怎样回答老师提出的问题的，哪些答对了，哪些答错了，应怎样纠正；② 听同学是怎样提出问题的，这些问题我为什么不能提出来；③ 听同学在讨论时是怎样发言的，我是怎样看这个问题的。

教师要指导学生：

（1）一边听一边积极思考。课堂上可根据老师提出的富有启发性的问题，积极开动脑筋思考，从而培养积极思考的习惯与能力。

（2）要跟着老师的思路走。听课时，要做到眼、耳、手、口、脑并用，即做到心到、眼到、口到、耳到、手到。课堂上要敢于想、善于想，多问几个“为什么”，多想几个“怎么办”。

3. 一边解题一边思考

一般来说，解题时（包括学习例题时），要思考如下一些问题：

（1）题目的条件是什么？问题是什么？由条件可知什么？由问题需知什么？

（2）解题的思路是什么？所用的方法对解决其他问题有什么启发？

（3）有没有其他种解法？若有，哪种解法最好？好在哪里？

（4）解这一问题，除已知条件外，还用到一些什么知识？

（5）学习这个题目的目的是什么？学完这个题目可得到什么启发与收获？

（6）怎样验算解答结果是否正确？能否从不同角度推导所得解答？

（7）解这个题目要特别注意些什么？（如单位统一问题）

（8）如果把这个题目的某些条件或者问题加以改变，将有什么结果？

（9）这个问题能否适当推广？是否符合实际情况？

（10）做过的哪些题目与此题是同类型的？有些什么规律性的东西？

4. 一边操作一边思考

加拿大脑外科医生彭菲尔德曾根据控制人体各部分的神经元在大脑中所占的比例绘制出了“彭菲尔德地图”，从这张“地图”来看，控制手的神经元在大脑中所占据的面积是最大的。因此，就有了“手是人体的第二大脑”的说法。由此可见，手与脑的关系是非常密切的，手能够激发大脑的潜能和创造力。所以，在教学过程中，教师一定要重视培养学生的动手能力，从而提升学生的思维能力。

比如，在数学教学中，教师可以引导学生多去动手，将抽象的数学问题转化为形象的实践问题。举个例子，“一个圆柱形杯子，底面半径是 5 厘米，把一块橡皮放进这个杯子后，水面由 5 厘米上升到 8 厘米，这块橡皮的体积是多少？”当学生无法理解橡皮体积与水上升的关系时，就可以指导学生亲自做一下这个实验，让学生亲眼看到水的变化，进而用计算结果来进行验证。如此一来，学生对体积的概念就会有深刻且形象的认知。

学生在动手过程中通过仔细观察，积极思考，可以更好地理解知识，并懂得自己动手操作可以帮助思考问题、分析问题、解决问题。

又如，在教学三角形面积时，课前先让学生准备好两个完全相等的锐角三角形、直角三角形和若干个任意三角形，利用拼图、割补、折叠、推算等方法，推导出三角形的面积计算公式。紧接着，老师给学生设障置疑，提出：如果我们手中只有一个三角形纸样，你又该如何利用已学知识推导出三角形的面积公式呢？学生经过一边动手操作一边独立思考，寻找到多种方法。

（五）教给学生思维方法和思维形式

简单地说，人的大脑思考问题的这种内部活动就是思维。思考指进行分析、综合、推理、判断等思维活动。思考是思维的一种探索活动。

要培养学生良好的思考能力，必须让学生掌握良好的思维方法与思维形式。

1. 思维方法

（1）分析与综合

分析与综合是最基本的思维方法，它是抽象、概括、比较、分类、系统化和具体化等思维方法的基础。分析是对研究的对象进行分解、剖析，以达到认识对象的各个部分（或各个方面）在对象整体中的性质、作用的思维方法。综合是将研究对象的各个部分（或各个方面）有机结合，以达到认识对象整体性质的思维方法。分析与综合是彼此相反而又互相紧密联系的思维过程。分析以综合为目的，综合又以分析为基础，它们互相作用而又互相制约。事实上它们是无法分割的，总是交织在一起的。

如，在数学解题中，分析法是从数学题的待证结论或需求问题出发，一步一步地探索下去，最后达到题设的已知条件。综合法则是从数学题的已知条件出发，经过逐步的逻辑推理，最后达到待证结论或需求问题。分析法表现为“执果索因”，综合法表现为“由果导因”，它们是寻求解题思路的两种基本思考方法，应用十分广泛。

综合法与分析法是两种不同的思维方法，其区别在于思维的顺序是相反的。一般地，在证明比较简单的命题时，综合法比分析法更简洁适用，而对于已知条件比较繁多，问题比较复杂，我们不知要从何入手的时候，通常会采用分析法，将一个问题转化成另一个问题，转换思维，效果自然会更好。

而在实际解决问题的时候，我们通常取长补短，首先运用分析法来寻找待证命题与已知条件之间的关系，寻找解题方法，然后再运用综合法进行具体证明。

（2）抽象与概括

抽象是从复杂的事物中，单纯地抽取出某种特性加以认识的思维方法，它是使感性认识上升到理性认识的重要手段。概括是把抽象出来的若干事物的共同属性归结出来进行考察的思维方法，即从个别推到一般的思维方法。

抽象与概括是不可分割的统一过程。在进行概括时，总要略去个别事物的某些特性，否则就不能突出事物的共同性质。因此，抽象是概括的前提和基础，没有抽象就无从概括；另一方面，概括又是抽象的目的，没有概括，抽象也就失去了意义。

如，在学习“因数与倍数”的概念时，首先是观察一批除法算式，找出它们的异同，然后在分类的基础上，抽象概括出其中一类具有“商是整数而没有余数”的共同属性。

又如，通过一些具体的例子，总结出任何一个数的倍数个数都是无限的等规律性的认识。

（3）比较与分类

比较是确定有关事物的共同点和不同点的思维方法。比较的过程是先对有关事物进行分析，区分每个事物各方面的特征，再将有关事物按其特征进行对比，得出哪些方面具有共同性，哪些方面又有区别性，从而鉴别这些事物间的异同。比较是概括的基础，通过抽象得出的属性是在比较以后才能认识其共性与个性的。

分类是以比较为基础，按照事物间性质的异同，将相同性质的对象归入一类，不同性质的对象归入不同类别的思维方法。每一次分类都应按照同一标准进行，所取的标准应服从于研究的目的或观察问题的角度。分类的目的在于使知识组成条理，并进而系统化，促进认知结构的发展。

（4）具体化与系统化

具体化是从抽象到具体、一般到特殊的思维方法。它与“抽象—概括”的思维方向相反。具体化的思维方法，一方面，可以使抽象的认识得到丰富和深化；另一方面，又可以将“抽象—概括”中得到的结论运用到具体的问题中去。

系统化是在分类的基础上，把整体中各个部分的相关性按照某种顺序组成系统的思维方法。系统化的思维方法能够从不同的侧面揭示客观事物之间及其内部的错综复杂性，能够反映客观世界的整体性和统一性。

（5）联想与猜想

联想是联系已有的知识和经验，由一个事物想到其相关联的另一个事物的思维过程，是一种由此及彼的思维方法。联想的关键在于认识事物间的联系，它是在分析、综合、比较中展开的。联想是有规律可循的。联想又分接近性联想、因果性联想、相似性联想、对比性联想等。

猜想是对研究对象或问题进行观察、实验、分析、联想、类比、归纳等，依据已有的材料和知识作出符合一定的经验与事实的推测性想象的思维方法。猜想不是胡思乱想，它是一种合情合理的推理，属于综合程度较高的带有一定直觉性的高级认识过程。猜想又分类比性猜想、归纳性猜想、探索性猜想、仿造性猜想等。

（6）*归纳与演绎*

归纳是通过对某类事物中的若干特殊情形的分析得出一般结论的思维方法。但这种结论不一定是真的，这是因为在任何个别事物中都包括着某种一般性，这就使归纳结果具有某些可靠性；另一方面，又因为任何个别都不可能完全包含于一般之中，因此，归纳的结果也有错误的可能。基于归纳推理这种具有一定的逻辑根据，又不具有充分逻辑根据的特点，可分为完全归纳和不完全归纳。不完全归纳推理的结论不一定可靠，必须通过进一步逻辑证明来检验其真伪。

演绎是由一般性较大的前提，推出一般性较小的结论的推理方法，也是由一般到特殊的思维方法。由于一般和特殊间的从属关系，演绎思维的结果是与它的根据同真同假的。通常运用演绎思维进行推理，其依据是已知的事实或真命题，推得的结论就一定正确（如数学证明）。演绎思维侧重于求解和论证，对训练技能技巧有很大作用。

归纳和演绎从来都不是孤立出现的，它们总是紧密交织在一起。如数学教学过程中，通常是归纳得出原始概念和公理，建立假设和猜想，假设和猜想一经逻辑证明成立，就获得了定理、公式和性质这一类一般性的数学规律。然后，又把这些一般性规律作为演绎推理的大前提，进行逻辑推理，解决其他数学问题。

2. 思维形式

思维形式是指思维借以实现的形式。教学中，教师要让学生了解各种思维形式的作用与关系，并十分重视学生各种思维形式的发展训练，以培养学生的创新思维能力。

（1）正向思维与逆向思维

正向思维是“由因导果”，正面进攻；

逆向思维是“由果溯因”，反面出击。

正向思维虽然是主要的，也是大量运用的，但逆向思维也是必不可少的。因为客观事物之间存在着许多的互逆关系，如数学中的加与减、乘与除、多与少等。

所以在加强正向思维的同时，要加强逆向思维的训练，从而使学生的思维呈双向型，摆脱思维单一的状态。

（2）抽象思维与形象思维

抽象思维是对事物间接的概括的认识，它用抽象的方式进行概括，并且用抽象的材料（概念、理论、数学）进行思维。

形象思维是用典型的方式进行概括，并且用形象的材料来思维。

抽象思维的作用，主要是通过辩证思维发挥出来的；而形象思维的作用，主要是由想象特别是创造想象发挥出来的。

许多教改经验说明，重视发展学生的形象思维，教学就会取得好效果。

（3）逻辑思维与直觉思维

逻辑思维是一种有步骤、有条理、渐进式的思维。直觉思维是一种整体性的粗线条的简缩跳跃式的思维。创造性思维，在一定意义上说，它是逻辑思维和直觉思维的统一。因此，在教学中应把逻辑思维训练与直觉思维训练有机结合起来。

（4）集中思维与发散思维

集中思维是通过分析、综合、判断、推理得出正确结论的同一答案，有一定的模式可循。

发散思维是沿着各种不同的方向、不同的途径去探索和思考解决问题。通俗地说，集中思维是由“四周向一点”集中，发散思维是由“一点向四周”辐射。前者有利于思维的逻辑性和正确性，后者则有利于思维的灵活性和多向性。

集中思维与发散思维既对立又统一。如在教学时，要求学生既能掌握一般解法，又能灵活地提出各种假设和多种解法，并从中选择出最佳的解题方案，这就是集中思维与发散思维的结果。

（六）培养学生良好的思维品质

思维品质体现了每个学生思维的水平和智力、能力的差异，也就是说，思维品质是学生思维能力的重要标志，所以要提高学生的独立思考能力和创造性思维能力，就必须抓住学生的思维品质培养这个突破口，因材施教，逐步完善学生良好的思维品质。

思维品质具有八个特性：深刻性、灵活性、独创性、敏捷性、广阔性、逻辑性、独立性、批判性。

1. 培养思维的深刻性

思维的深刻性是指思维活动的抽象程度和逻辑水平，以及思维活动的广度、深度和难度。它表现为智力活动中能深入思考问题，善于追本穷源，见微知著，善于概括归类，逻辑性强，善于透过事物的表面现象或假象深刻地揭示事物的本质和规律，预见事物的发展进程。

教学中培养学生思维的深刻性的一般做法是：

① 鼓励学生多提问题，多问几个为什么，多寻根问底，多侧面、多角度、多层次地深入地、全面地去思考问题。

不仅要考虑问题全体，而且要考虑问题细节；不仅要考虑问题的纵向，而且要考虑问题的横向；不仅要考虑问题本身，而且还要考虑与这个问题有关的其他条件。

② 注意知识的科学性、系统性的训练。在训练学习技能时，要求规范化，做到一丝不苟，力戒浮光掠影，蜻蜓点水，防止思维的肤浅性和表面性。

③引导学生对新旧知识进行恰当的类化，抓住知识系统中同类的联系，把所学知识由点变线、由线成面，形成网络，完善学生的认知结构，实现知识的迁移。

例如：学习《孔乙己》时，教师提出："孔乙己既穿长衫为何站着喝酒？既穷为何穿长衫？"这一问挑起了矛盾，学生思想产生了碰撞，陷入了积极思考。经过讨论，学生明白了"站着喝酒而穿长衫"这一笔实乃用心良苦，浓缩了孔乙己的整个精神世界和社会处境。通过探究，学生不仅理解了作品的深意，也学会了一种质疑探究的方法——于矛盾之处生疑探疑，进而锻炼思维的深刻性。

2. 培养思维的灵活性

思维的灵活性是指思维活动具有较高的灵活程度，能根据客观事物的变化而变化，善于沿着不同角度、顺着不同方向、选择不同方法，对同一问题多方位、多层次、多侧面地认识。

教学中培养学生思维的灵活性的一般做法是：

引导学生善于从新的观点和新的角度去思考问题，摆脱偏见和常规的处理问题的方法。

如，以“雪”为题写一篇作文。常规写法是描写雪后的美丽风光，赞美雪的洁白无瑕，预祝瑞雪兆丰年。然而有位老师告诉学生不仅可以“褒雪”，也可以“贬雪”。如揭露雪的虚伪性，以其洁白的外衣掩盖了世间的污秽；批判雪的危害性，雪后万木萧条，多少花草被冻死，多少牲畜挨饿受冻，多少道路被堵塞。

加强“一题多解、一题多变、一事多写、一文多议”的训练。

如，种棉花和种小麦的面积比是 2∶9，种棉花 14 公顷，种小麦多少公顷？

方法一：分数乘法 $14\times9/2=63$（公顷）

方法二：分数除法 $14\div2/9=63$（公顷）

方法三：归一解法 $14\div2\times9=63$（公顷）

方法四：倍比解法 $14\times(9\div2)=63$（公顷）

方法五：比例解法 $14/\chi=2/9$，$\chi=63$（公顷）

方法六：方程解法 $\chi\times2/11=14$，$\chi=77$，$77-14=63$（公顷）

3. 培养思维的独创性

思维的独创性是指思考问题、解决问题不依赖、不盲从、不迷信，分析判断有独到见解。

教学中培养学生思维的独创性的一般做法是：

① 鼓励学生敢于突破常规，敢于提出大胆的设想和独特的见解。

如在教《称象》时，可启发学生：能否把曹冲称象的方法改一改？结果学生们想出了许多独创的方法，有的说改用泥土代替石头，因泥土比石头方便；有的说用水代替石头，既省时间又省力、省费用；有的说用站在岸上的官员代替石头，人能上能下更方便……

学习《藤野先生》一文时，教师提出："东京也无非是这样"中的"也"是关联词语，可是前面又没有句子，与什么关联？文章的第一句为什么要这样写？在这看似平淡的地方，老师却提出了如此深刻的问题，学生马上陷入了思索。顷刻后，学生举手答道："这句话有潜台词，前面省略了。"又一个同学答道："大清帝国日暮途穷，腐败不堪，作者才东渡日本寻求真理，而到日本看到的是中国留学生依然浑浑噩噩、醉生梦死，令作者义愤填膺。"又一学生道："'也'字蕴含着作者无限悲愤之情。"教师善于问，学生善于思，在问答中授之设疑之法，于平淡中见疑，于无疑处生疑，这样的思维成果才会有独创性。

② 提倡用新颖、灵活的方法解题，大胆探寻具有创新意识的简捷妙法。

如，5（ ）+（ ）3=81，一般解法由"和""个位""十位"去想。独特解法有：

$$\begin{array}{r} 5\ \ (\ \ )\\ +\ (\ \ )\ \ 3\\ \hline 8\ \ \ \ 1 \end{array} \qquad \begin{array}{r} 5\ \ \ \ 3\\ +\ (\ \ )\ (\ \ )\\ \hline 8\ \ \ \ 1 \end{array}$$

（ ）（ ）=81−53=28

4. 培养学生思维的敏捷性

思维的敏捷性是指思维过程的速度或迅速程度。就是指思维的速度快，对问题能迅速作出反应。具体表现在运算过程的正确迅速、观察问题的避繁就简和思维过程的简洁敏捷。

教学中培养学生思维的敏捷性的一般做法是：

（1）在教学节奏和教学内容的安排上要有一定的速度和密度。如一位老师教《皇帝的新装》时，在初读课文后，设计以下问题来整体感知课文，并训练学生的快速思维能力：

①此文的作者是谁？是哪个国家的？

②采用最简洁的话概述故事的内容。

③作品中最可笑的人是谁？最可恨的人物是谁？最可鄙的人物是谁？最可爱的人物是谁？为什么？

④勾勒出人物的特点（每个人物不得超过 10 个字）。

通过抢答，评出优胜者。这样，既让学生对课文有了全方位的整体了解，又训练了学生思维的敏捷性。

（2）在重“双基”的同时，应该有意识地引导学生开展合理而又丰富的联想，沟通知识之间的纵横联系，融会贯通地运用知识，这是训练学生思维敏捷性的一条行之有效的途径。

如，在数学教学中要培养学生又准又快地进行运算，则可以从以下三个方面抓起：一是突出速算训练；二是坚持及时训练；三是保证天天练习。

良好的思维品质还包括以下特性：

广阔性：指的是遇到问题思路开阔，能从不同角度、不同方面，用多种方法、多种途径，全面地思考问题和解决问题。

逻辑性：指的是思考问题时，能注重它的连贯性，指出的问题明确、不含糊，有理有据；解决问题思路有条不紊，井然有序。

独立性：指的是能独立地思考问题，独立地寻求解决问题的答案。勇于独立判断，有自己的见解。

批判性：指的是善于根据客观事实和情况，冷静地思考问题和分析问题，能明辨是非，不唯书，不唯上，不人云亦云。

独立思考的能力是一种综合能力，这种能力的培养必须经历一个长期的过程，必须从小就开始培养。教会学生善于独立思考是培养创新型人才的迫切需要，是现代教学对每一位教师的基本要求，也是每一位教师的职责所在。因此，无论是小学教师还是中学教师，都要十分重视学生独立思考能力的培养，不仅要创设有利于学生独立思考能力培养的良好环境，更要教给学生独立思考的方法与策略，使学生从小就有一个聪明的脑袋。

核心能力培养之教会学生表达

表达是指用口语或文字把思想感情表示出来。即表达可分为口语表达和文字表达两种形式（或称口头表达和书面表达）。口头表达能力则是指用口头语言（简称口语）来表达自己的观点、思想和情感，以达到与人交流的目的的一种能力。目前，相对于文字表达来说，学生的口头表达能力更为欠缺，那么怎样培养学生的口头表达能力呢？

（一）营造氛围，使学生敢表达

造成学生不敢表达的原因有两方面：

一是来自教师的陈旧观念。我讲你听、师道尊严，造成学生不敢说。尤其是有的教师对于学生的错误缺少包容，如对“抢答者”严厉训斥，对“答错者”讽刺、挖苦，对“未答者”冷淡漠视，以至于学生因害怕说错或说不好受到老师批评、同学嘲笑而不敢说。

二是来自学生本身。有的学生因胆小而怕说话；有的因性格内向、害羞，不敢在大庭广众下发言；有的因为准备不足而无话可说；另外，由于年龄的增长而发生的生理变化，特别是第二性征的出现，导致学生自我封闭心理的产生。

如果学生不敢开口说，不愿开口说，教师就无法对其进行口头表达能力的培养，因此，教师得让学生敢于开口说。

首先，在课堂里，教师必须营造一个民主平等的、愉悦轻松的氛围，消除学生的害怕心理，让学生敢于大胆说。教师应放下“师道尊严”的架子与权威，不高高在上，不指责讥讽学生，而是以平等的态度对待学生，让学生感到老师是自己学习活动的伙伴，师生之间在人格上是平等的，学生是能同老师甚至教材进行平等对话的。在这样的环境里，学生就敢于交流对话，敢于提出问题，敢于发表意见。

其次，为鼓励学生敢说，在课堂里，教师必须创造良好的“语境”。如，要尽量用“你知道这是为什么吗？”“你来讲一讲好吗？”“我们共同来探究好吗？”“说错了也没关系，老师会帮助你的”等协商、诱导的语气，鼓励学生敢于发言。

再次，对于学生表达不清楚的，教师要耐心引导，不要不耐烦；当学生回答问题不完整时，教师要委婉地指出，不要指责；当学生答错问题时，教师要正确引导、提示，绝对不能当面批评；特别是对那些胆子小的同学，更要多鼓励、多引导，绝不能当众羞辱他们。

如，一位英语老师为了让学生敢于开口说，一直遵循“再给一次机会”的原则。课堂上，教师不能因为某个学生表达吃力，或者语无伦次，就不再理会他，而应该让他知道失败之后的尝试比成功更为重要。

在平时的教学中，这位老师对积极举手发言的学生，不管其讲得是否正确，都加以肯定；对被点名发言的学生，讲对了则热情表扬，若不讲或讲错了则启发诱导，不训斥不指责；对那些英语基础比较薄弱的学生，多给他们一些锻炼的机会，哪怕是微小的进步也要肯定和表扬。

教师的肯定与激励，能帮助学生克服害羞、胆小的心理，使学生养成大胆发言、敢于表达的好习惯。

教师可以循序渐进地培养学生从怕说到敢说：

首先，指导学生把自己想说的说给自己听；其次，指导学生把自己想说的说给同伴听；再次，指导学生把自己想说的说给本组同学听；然后，指导学生把自己想说的说给全班同学听；最后，指导学生把自己想说的说给全校同学听。这样，就可帮助学生逐步建立自信，从怕说到敢说。

教师还可通过对说得好的同学的夸张性的表扬，激励他们提高自己的表达能力；对那些渴望表达而又力不从心的学生，教师要多给他们发言的机会与指导。久而久之，那些平时不善言辞的学生，胆量就会渐渐地增大，成为班级中“敢说”的一员。

（二）激发欲望，使学生想说

学生敢说，但有时却又无话可说，或者想说而又说不出来。这就要求教师应根据具体的教学内容和学生的认知规律，充分挖掘教学内容中能激发学生表达欲望的因素，对教材进行艺术性处理，选准刺激学生表达的兴奋点，让学生感到有话可说或者非说不可。

课堂教学中，激发学生表达欲望的方式方法有很多，如，教师可以通过创设生活情境、创设语言情境、创设问题情境、教师示范讲解、学优生榜样展示、多媒体介入、实物展示、实地观察、数据分析、动手操作实践等途径，激发学生说的欲望与兴趣。

1. 创设生活情境，激发学生想说

教学过程中，教师要努力创设学生熟悉的生活情境，吸引学生积极参与教学活动，使他们有话可说。如，教学“平移和旋转”时，老师可收集一些学生身边的生活情景图，如火车、轮船、风车、电梯等，让学生说说它们是怎么运动的，并做出动作。

抽象的概念通过让学生用眼观察，化为学生看得到、摸得着

的现象。再让学生举出生活中有关平移、旋转的现象，像国旗冉冉升起时做上下平移运动；汽车在公路上行驶时做平移运动，车轮却在做旋转运动……学生就能说出很多例子，积极性很高。

2. 创设语言情境，激发学生想说

在课堂教学中，教师通过创设语言情境，如运用富有感情的语言或风趣的语言，对课文内容进行生动形象的描述，将学生引入教学情境中，使每个学生都觉得有话可说，有情可抒，从而产生积极的说话欲望，乐于说话。

教师的语言要充满信心、充满趣味、充满激情、充满人格魅力、充满喜怒哀乐。不仅语速快慢得当、语调升降适时、音量大小适当，而且时而抑扬顿挫，时而滔滔不绝；时而如涓涓细流，时而汹涌澎湃；时而开怀大笑，时而声泪俱下。

教师会说、善说，可以激发学生想说的欲望。

在英语课堂上，为了让学生练好各种句型，教师要创设语言环境，注意情景对话，不孤立教学单词，努力培养学生讲英语的良好习惯。（1）进行多种训练。在对学生进行句型训练时，每学一个句型，都必须通过重复、模仿、替换、转换、扩展等多种训练，达到熟练程度。起先应从很容易的句子着手。如："Sit down，please，Han mei mei." "Good morning！" "How are you？"然后进行角色扮演的对话。（2）做重复交流活动。练完句型，如果学生们达到了理解的程度，教师应按照上下文逐渐地创设一些交流活动，如介绍情景活动："去商店买东西"（go shopping），让一名学生扮演售货员，让另一名学生扮演顾客，"Can I help you？" "How much are…"让两名学生利用日常交际用语去演或实习买卖东西这一活动。

3. 创设问题情境，激发学生想说

（1）设置问题。教师精心设置问题，提出有思考价值的问题，有利于激发学生的求知欲望与表达欲望。如，在讲“圆锥的体积”时，将“稻谷堆”搬入课堂，问学生：a. 怎样量出这个谷堆的高度和底面的直径？ b. 请你算一算这堆稻谷大约有多少立方米？问题刚一呈现，立刻引起了学生们的思考，通过联想、猜想、实验、讨论等，学生们找到了解决问题的方法，推导出圆锥的体积公式。

教师呈现的问题应落在学生的“最近发展区”内，引起学生的认知矛盾，把学生引入到与问题有关的情境之中，从而激起学生的求知欲望和表达欲望。

（2）设置悬念。在教学过程中设置悬念，是激发学生想说的有效方法之一。如，教学“能被 3 整除的数的特征”，教师可以让学生自己准备一个多位数，先自己计算一下它能不能被 3 整除，然后让学生来考考老师。当老师对学生所报上来的数都能快速准确地判断能否被 3 整除时，学生们在感到惊奇的同时，紧接着就会主动想问：“老师是怎么算出来的呢？”“是这样算的吧？”“是不是末位上的数能被 3 整除就可以了呢？”“到底能被 3 整除的数有什么特征呢？”学生带着疑问，就会积极地思考交流。

（3）巧用问句。教师巧设问句，有助于吸引学生的注意力和激发学生说的欲望。要改变单向的问答式教学，而提倡多向交流。比如，在学生回答完问题之后，教师可以先不评价，接着追加一个问题：“能说一说你是怎样想的吗？”对于没有回答上来的同学，老师不能以责备的口气，而应“客气”地说：“请坐！”可以试着问：

“你愿意听一听别人的意见吗？”或：“你需要你好朋友的帮助吗？”对于不爱说话的同学，可以问：“你愿意与大家分享你的答案吗？”还有：“你最喜欢哪种方法？”“说一说原因，这种方法好在哪里？”“谁还有不同的看法？”“真奇妙！你是怎么想的呢？”“谁愿意讲给大家听？”“但怎样表达更科学呢？”……千万不要滥用“他的回答对不对？”“好不好？”等类似的问句，学生整齐划一的回答，没有什么实际意义。

教师一个巧妙的问句有时会引出一连串的答案，这样就会引起学生对这些答案的思考与讨论。

4. 编写歌诀故事，激发学生想说

可以根据实际情况，将一些枯燥乏味的知识编成口诀、童谣、歌曲、故事等用于教学，这样不仅使学生便于掌握，而且能使学生感受其中美的意境，从而激起探索与表达的兴趣。如，学生初学两位数加两位数进位加时，十位上的数相加，经常忘加进上来的“1”。为了让学生记住这部分的知识，给它编成儿歌：“相同数位要对齐，计算要从个位起。满十就向前进1，十位相加再加1。”这些生动形象的数学语言通俗易懂，学生不仅有了学习的兴趣，而且很快地就跟着老师说起来。

5. 演示动手操作，激发学生想说

教师演示，学生观察，不仅形象直观，不仅可以解决问题，而且可以激发学生把观察结果说出来。有些问题，可以直接让学生通过动手操作来解决，学生容易把动手操作解决问题的过程说出来。利用多媒体再现情境，如一个优美的造型，一幅美丽的插图，一个直观的镜头，可以激发学生表达的欲望。要使教学有形、有情、有境，就要运用多种直观的教学手段，如实物、图片、录像、配乐等，可以激发学生的情感与表达的兴趣。

教师在数学教学过程中，要重视学生的动手操作活动，使学生在操作过程中感知数学原理，体验知识结构由来，用数学的语言表述操作过程的知识内在联系，并归纳总结出新的概念、定理和公式，把知识融会贯通到实践应用中来。如，教学“平行四边形面积的计算”时，教师让学生先复习长方形的面积计算知识，然后利用课件进行演示操作：沿着平行四边形的任意一条高剪开，通过动画平移，把平行四边形转化成长方形。接着，教师让学生自己画一个平行四边形并讲解操作过程，推导出平行四边形的面积计算公式。有学生这样讲解操作过程：“先利用直尺画一个平行四边形，然后从一个顶点垂直于对边画线段，再用剪刀剪下这个三角形，将这个三角形拼接在另一边，这样就形成一个标准的长方形了。这个长方形的长就是平行四边形的底，长方形的宽就是平行四边形的高，根据长方形面积计算公式可以推导出平行四边形面积 = 底 × 高。”

（三）创造机会，使学生能说

教师无论在课前还是课后，都要努力为学生创造能说的机会，如课前 3 分钟演讲、看图说话、表演课文、复述课文、大声朗读自己的作文、举行诗歌朗诵会、讲故事比赛、小小辩论会等。

教师在课中的各个教学环节，如学生预习后、阅读后、观察后、听讲后、独思后、操作后、讨论后、练习后、小结后，都要留出时间让学生能说。

教师还应结合学科特点，为学生创造能说的机会。教师要对学生参与这些活动给予肯定性、鼓励性的评价。

1. 留出时间，让学生能说

课堂上，教师要留有让学生能说的时间，使得每个学生都有表达的机会与可能。凡是学生经过独立阅读、思考、观察、操作、讨论等学习活动后，教师都要留出时间让学生把自己的所见、所做、所思、所想用学科语言表达出来。

课堂下，教师要给学生推荐课外优秀阅读文章，特别是一些优秀的诗词，要求学生坚持每天安排一定时间大声朗读或背诵。学生在这个过程中受到了潜移默化的影响，积累词汇，开拓视野，陶冶情操，不断提高自己的表达能力。例如，在数学教学中要多让学生用数学语言有条理地表述获取知识的思维过程，把动手操作、动脑理解、动口表达有机地结合起来。

又如，在三年级进行教学“分数的初步认识”时，可让学生动手操作。一折，用一张纸折成均匀的四份。二看，引导观察以下几个问题：①有几种不同的分法；②一共分成几份？③每一份的大小怎样？三涂，涂出四分之一、四分之二、四分之三。四想，出示涂色的纸，思考怎样用分数表示。五说，让学生用数学语言表述自己想的过程，表述分数的意义是怎样，等等。这样，不仅加深了学生对分数的意义的理解，同时也培养发展了学生的口头表达和逻辑思维能力。

2. 课前 3 分钟，让学生能说

课前 3 分钟说话训练，看起来似乎“浪费”了学生的一些时间，但其效果是比较明显的。

（1）第一阶段，可以让学生在自己座位上说，要求做到口齿清楚，声音洪亮，态度自然。这一阶段，说的内容可以是自选的且经过加工整理的文字，也可以是自己复习、预习或课外阅读的情况。

（2）第二阶段，可以让学生到讲台前“脱稿”说自己写的观后感、读后感、日记、作文等，要求中心明确，内容具体完整，文字顺畅，富有表情。由于说的内容源于学生自己的生活，所以学生有话可说，心理障碍少了。

（3）第三阶段，可要求学生说教师在前一天指定的内容，做到中心突出，条理清晰，材料典型，详略有致。

（4）第四阶段，教师可在课前将“指令性”内容告诉学生，让学生准备 3 ～ 5 分钟后上台讲述，要求紧扣中心，内容具体生动，结构严密，能较好地运用一些修辞方法和多种表达方式。

各个学科都可以每天安排 1 ～ 2 名学生进行课前 3 分钟的说话，再安排 1 ～ 2 名学生讲评。持之以恒，不仅可以提高学生的口头表达能力，还可以提高学生的写作能力和思维能力。

3. 因材施教，让学生能说

要保护学生的表达欲望，教师课堂上就要有意识地、分层次地提出有针对性的问题，让不同水平的学生回答。教师在每提出一个问题时，都要认真设计，难易适度，分层要求。较难回答的问题让那些胆子较大、学习基础较好的学生来回答，让他们为那些胆子小、害怕发言的学生树立榜样。较容易回答的问题让那些胆子小，平时不善言谈，学习上有困难的学生来回答，让他们也感受一下回答问题的喜悦，久而久之，他们就不仅敢说，而且能说。

4. 细心观察，让学生能说

要求学生做有心人，时时学，处处学。日常生活中的谚语、对联、歇后语、广告词、标语口号等，要留心观察、注意积累。

如，春节到了，要求学生到各家各户门口摘抄一些春联，比比谁摘抄得多，理解得扎实；假期到了，让学生到自己的家乡搜集整理家乡人们的语言、典故，整理成册；看电视时，让学生注意观看广告，开展一个广告展示活动……这些活动，能使学生掌握不少书本上学不到的知识，提高学生的语言表达能力。

积累词语、语句要持之以恒，需要有滴水穿石的精神，一点一滴去积累，积少成多，聚沙成塔。

5. 多交朋友，让学生能说

要鼓励学生在学习上、生活上、社会上多交朋友，多和同学、家人、亲戚、朋友进行语言交流。

首先，要鼓励学生在本班同学中交朋友，让学生尝试着做交朋友的活动。如：教室前排的学生和后排的学生交朋友；学习好的学生帮助学习差的学生补习功课，和学习差的学生交朋友；生活条件优越的学生帮助生活上有困难的学生，和有困难的学生交朋友。让他们在轻松愉快的氛围中锻炼语言表达能力，同时也能培养学生热爱生活、关心同学、相互帮助的高尚情操。

其次，要鼓励学生在本校同学中交朋友、在校外亲戚和邻居中交朋友，这也是锻炼学生语言交流能力的好机会。

最后，要鼓励学生上网交朋友。如今的学生多是独生子女，存在着叛逆心理，也容易“窝里横”。在家里是小皇上，出了门就哑口无言，不愿和同学交流。网络交朋友能打开学生的视野，有利于学生身心的健康成长，也能锻炼小学生的语言表达能力。学生上网不一定就是坏事，但是上网交友一定不要成瘾。

6. 树立榜样，让学生能说

教师要多作语言示范，为学生做出榜样，潜移默化地影响学生语言能力。

首先，教师的语言要准确、规范。如，数学教师对概念、法则、术语的叙述要准确，不要让学生产生疑问和误解。例如“除”与“除以”、“数位”与“位数”等，不能混为一谈；“这两条直线画得不够平行”“这个直角没画成 90°”“由三条边组成的图形是三角形”之类的语言缺少准确性，尽量不用。

其次，教师的教学语言要有艺术性、趣味性、简洁性，说话干净利落，重要的话不冗长，不绕圈子，要抓重点，简捷概括，有的放矢：要根据学生的年龄特点，说他们容易接受和理解的话语。

教学语言规范的教师，他的学生表达能力也较强，表达也较准确、清楚、简练。不要把不规范或不科学的语言带进课堂。如，在教“认识图形”一课时，教师问：生活中哪些物体的面是长方形？哪些物体的面是正方形的？学生就会顺着老师的话，说课桌的面是长方形的，棋盘的面是正方形的，而不会出现说课桌是长方形的、棋盘是正方形的情况。

因此，教师应注重平时课堂中自己的教学语言的严密性和逻辑性，力求使自己的语言规范、完整。通过教师语言的示范作用，对学生的初步逻辑思维能力的形成施以良好的影响，让学生说完整的话、说规范的话。

教师的语言应该是学生语言的表率。因为中小学生具有很强的模仿力，教师的教学语言直接影响着学生的学习语言，这就要求教师不断提高自身的语言素养，为学生起到示范作用。一节教学课，教材往往只需两三页纸，若照本宣科，只需几分钟。而要将这点素材转化为45分钟的教学内容，就需要好几倍的语言来充实，无不显示作为教师运用语言艺术的功底。

7. 多看多记，让学生能说

首先，多看，就是要多阅读。在阅读过程中，要尽可能多记多背书中的佳词佳句。书读多了，语言表达能力自然更强。

其次，多看，就是要多观察。观察就是运用自己的感官（眼、耳、鼻、舌、身）摄取周围的各种信息，并把它们贮存在大脑里，以供大脑的分析、选择、加工，必要时表述出来。

要培养学生写观察日记的好习惯。

阅读和观察都是有规律可循的，要在多看的实践中，掌握一些阅读与观察的技巧，这是培养口头表达能力的第一步。

8. 口述见闻，让学生能说

就是让学生把每天所见到的各种现象、事物的变化或听到的各类消息，用规范的口语说给大家听。为了使学生有内容可说，可以在课前布置学生留心身边的事、物、景的变化，或让学生看报、收听广播、收看电视获得所需要的信息。说的时候，要敞开心扉，畅所欲言；说的内容，可以选家乡的变化，路上的见闻或校园中的新鲜事，也可以是同学间的关系、听到的消息等。但是不要面面俱到，鼓励学生在听别人发言的基础上作必要的补充。这样，不仅可以活跃讨论交流的气氛，还可以在“双向互动”的语言实践中培养学生的口头表达能力。

9. 刻苦多练，让学生能说

良好的口头表达能力不是天生的，而是后天刻苦训练得来的。朗读、朗诵是锻炼口头表达能力的有效方法。

多练，可以单独练，对着镜子练，对着实物练，请人指教帮着练。还应抓住一切时机练，在课堂上、会议上，要积极争取发言。既可在正式场合上讲，也可在非正式场合上讲；既可对熟悉的人讲，也可对陌生的人讲；既可到“小人物”中间去讲，也可到“大人物”中间去讲。长此以往，必将练出胆量，练出水平，使自己的讲话思路清晰，条理分明，口齿清楚，富有表情，达到理想境界。

教师还可针对学生的具体情况，合理运用几种常见的语言训练方法，对学生加强训练。比如：仿述练习，能培养学生思维的准确性，有助于语言的规范性；变述练习，能锻炼学生思维的敏捷性，有助于提高语言的灵活性；扩述练习，对培养学生的发散思维有举足轻重的作用，有助于提高语言的深刻性；讲述练习，是培养学生思维逻辑性的良药妙方，有助于提高语言的严谨性。

10. 迁移训练，让学生能说

教学中要善于抓住教材中蕴含的语言规律，精心设计迁移训练，让学生练习说、练习写。

（1）运用课文中的精彩的词语、句子进行说写训练。（2）运用课文中的精妙的句法、章法进行说写训练。如教学《记金华的双龙洞》，教师抓住“时而……时而……时而……时而……”这一排比句式，让学生反复朗读、品味后，引导学生运用句式说一说三月江南的反常天气，有的学生当堂说出了“时而春雨蒙蒙，时而阳光灿烂；时而春雷隆隆，时而雪珠沙沙；时而春光融融，时而寒意阵阵”。（3）运用课文中精巧的立意构思进行说话训练。如学了《守株待兔》后，让学生当村民来劝告、教育那个农夫等，学生都有感而发，有话可说。

11. 指导写作，让学生能说

教学中可以通过指导学生写学科日记、学科小论文等对学生进行语言训练。通过写学科日记、学科小论文，学生可以对他所学的内容进行总结，可以像和自己谈心一样写出他们自己的情感态度、遇到的困难或感兴趣之处。特别是对于数学学科，由于数学语言较抽象，所以学生在写的过程中，可能出现语言不精练、用词不当、思路迂回等现象，这时，教师要耐心地予以引导，使学生从敢写到会写，从自然语言逐步过渡到规范、准确的数学语言。书面表达清楚了，口头表达自然就清楚。

12. 思维训练，让学生能说

语言和思维是密不可分的，一个思维紊乱的人，一定说不好话。只有思维清晰而有层次，语言才会清楚而有条理。所以，教学中，我们应把口头表达能力的培养与思维能力的培养相结合，同步进行，整体训练，才会真正使学生有话可说，有话能说。如，在阅读教学中，教师可根据课文内容及教学重点、难点，有目的地提出问题，让学生或复述，或概述，或辩论，或作专题发言。学生每节课都要想问题、提问题、议问题，再用比较准确的语言表达出来，使思维和表达能力都得到提高。

13. 课外活动，让学生能说

实践证明，凡是读书读得多的人，其表达能力肯定比读书读得少的人强。所以，教师要积极引导和指导学生开展课外阅读，从课外阅读中收集、摘抄一些佳词佳句，积累词汇，做到有话可说。可要求每名学生都备有摘抄本，保证每个学生每周至少能读一本课外书，摘录或背诵10句佳词佳句等。另外，还可组织学生开展“新闻发布十分钟”“谈谈天，说说地”“实物景物谈”“故事王挑战赛”等系列课外活动，收到课外搭桥、课内巩固的效果。

14. 教学环节，让学生能说

（1）同桌交流说。同桌两人交流非常方便，因彼此比较熟悉，交流起来也没有陌生感，学习困难的学生就不会产生恐惧，能够大胆地说出自己的想法。同桌交流也是课堂教学中让学生发表见解、培养语言能力的好方法。通过同桌间的互相交流使学生掌握思路，并能举一反三，灵活运用。在安排学生座位时要注意人员的搭配，最好把表述好的孩子和不爱说的孩子搭配着坐，这样他们会互相影响，从而取长补短。

（2）小组合作说。开展小组合作学习，是最重要、最有效的语言能力培养方法之一。小组合作学习，可以使每一个学生都有发言的机会，也有听别人说的机会；既有面对几个人发表自己见解的机会，又有面对全班同学说的机会。学生在合作交流、与人分享和独立思考的氛围中倾听、质疑、说服、推广直至感到豁然开朗。学生在合作交流时，教师要参与到小组当中，了解每个学生说的质量，还要进行指导，教给他们怎样说。特别要给学困生创造在小组或全班说的机会，给他们创设成功的机会，使他们树立自信，愿意在同学面前表达自己的看法。刚开始小组合作学习时，要让学生明确先说什么，再说什么，并在说的过程中说出自己的理由和探究的过程，教师及时提醒学生注意中心明确，突出主题，同时不能忽视层次的条理性。经过一段时间的训练，学生便能自主并流利地发表自己的见解。在整个训练过程中要不停地给予学生肯定和鼓励，让学生从“老师叫我说”转化到“我要说”。在交流的同时应训练学生学会倾听，让其他学生听某一同学发言后再对其说的内容加以评论，简单阐述自己的看法，既让说话者知道自己的不足，又培养评论者的分析及表达能力。

（3）全班评价说。学生在小组讨论后，学习热情处于高涨状态，教师也因势利导，组织全班评价，为学生再次提供交流信息、共同学习的机会，从而使信息渠道全面畅通，学生的语言表达逐步得到完善，也使他们的思维得到一次升华。全班评价时，先由一组或一人发言、汇报，其他各组作出评价和补充，必要时，组际之间进行讨论、争辩。最后，师生共同对知识进行归纳，形成共识。

（4）课堂小结说。小结是课堂教学的重要组成部分，通过小结能提高学生的综合概括能力，清晰地回忆出本课的要点。有的学生虽然表达能力有限，但只需正确引导，也能正确地概括小结。在课堂小结时，可以经常这样问学生：“通过这堂课的学习，你有什么收获？”学生在回忆整理之后，纷纷举手发言，连平时不爱说话的学生和一些后进生也很积极。有些学生话虽简洁，却抓住了本节课的学习重点，不仅加深了对知识的理解，也发展了学生的学习能力和表达能力。

15. 不同内容，让学生能说

数学课也要注意培养学生的语言表达能力。学生对数学语言表达能力掌握得如何，将直接影响其后续学习及思维能力的发展。同样是“说”，有的学生说得准确、简练、条理清楚；有的学生却显得语无伦次，无法正确地表达自己的观点。在课堂教学过程中，不但在每一个环节要重视对学生表达能力的培养，而且还要针对不同课型、不同内容来培养学生的表达能力。

（1）在概念教学中重视让学生说出本质。在概念教学中进行说的训练是由直观认识转化为理性认识的桥梁，因此，概念教学中教师应重视让学生描述出概念的本质，让学生不但能用自己的语言说出定义、定理、公式、法则和性质的具体内容，更要说出概念、关键词句，而对于近似概念，则让学生说出它们的共同点与内在联系和容易混淆之处。

（2）在计算教学中重视让学生说出算理。在计算教学中，加强算理教学，重视说的过程，既可以帮助学生巩固所学的计算方法，又能发展学生思维，培养学生的表达能力。计算教学中教师要让学生说算理、说运算顺序，并要介绍自己的多种算法以及优化的理由，同时针对计算中的错误让学生说出错误的原因及自己的看法，使学生的观察力、注意力、思维能力也得到同步的发展。如：

① $38+25=50+13=63$　　② $38+25=40+23=63$

③ $38+25=33+30=63$　　④ $38+25=58+5=63$

⑤ $38+25=8+55=63$　　⑥ $38+25=40+25-2=65-2=63$

⑦ $38+25=38+30-5=68-5=63$

（3）在应用题教学中重视让学生说出思路。在应用题教学中，让学生有根据、有序地分析、推理，通过口述解题思路，说出自己的想法，填写数量关系式等，进行数学语言的训练。在课堂上学生你一句我一言，不仅调动了学生的学习积极性，而且使教师能及时获得反馈信息，了解学生对知识掌握的程度。

（4）在几何形体教学中重视让学生说出其特征。几何形体的教学可以培养学生的空间观念，更能发展学生的口头表达能力。因此，在几何形体的教学中，教师让学生通过讨论、交流说出其特征及与生活的联系，让学生参与公式的推导过程，让学生通过实际操作，口述公式的推导过程，把知识的获取与发展数学语言有机结合起来，激发学生对空间的探索欲望，抓住契机，发展说的能力。如在“认识圆柱和圆锥”教学中，出示实物图片，从实物中抽象出几何形体——圆柱和圆锥体，在头脑中形成圆柱和圆锥的表象，帮助学生形成空间观念。接着让学生找出周围见过哪些这样的物体，引导学生进行看、摸、比较、小组交流等活动，再要求学生完整地表述圆柱的特征。在此基础上，结合圆柱的直观图，学生也理解了圆柱的底面、侧面和高的含义。这一过程学生是在教师的引导下进行学习的，有效地培养了学生完整的数学语言表达能力。

（四）教给方法，使学生会表达

好的口语表达能力不是天生就有的，古今中外历史上一切演讲家、雄辩家，他们无一不是靠刻苦训练而获得成功的。美国前总统林肯为了练口才，徒步30英里，到一个法院去听律师们的辩护，看他们如何论辩，如何做手势，他一边倾听，一边模仿。他曾对着树、树桩、成行的玉米练习口才。日本前首相田中角荣，少年时曾患有口吃病，但他不被困难所吓倒。为了克服口吃，练就口才，他常常朗诵、慢读课文。为了准确发音，他对着镜子纠正嘴和舌根的部位，严肃认真，一丝不苟。我国著名的数学家华罗庚，不仅有超群的数学才华，而且也是一位不可多得的辩才。他从小就注意培养自己的口才，学习普通话，他还背了唐诗四五百首，以此来锻炼自己的口才。

练口才不仅要刻苦，还要掌握一定的方法。科学的方法可以事半功倍。当然，每个人的学识、环境、年龄等不同，练习的方法也应有所不同。

1. 速读法。速读也就是快速的朗读，目的是锻炼口齿，语音准确，吐字清晰。方法：一般开始朗读的时候速度较慢，逐次加快，一次比一次读得快，最后达到所能达到的最快速度。要求：读的过程中不要有停顿，发音要准确，吐字要清晰，要尽量达到发声完整。体育节目的解说专家宋世雄，他的解说就很有快的功夫。

速读法的优点是不受时间地点的约束，无论在何时何地都可以练习，而且还不受人员的限制，不需要别人的配合，一个人就可以独立完成。当然，你也可以找一位同学听听你的速读练习，让他帮助你发现速读中出现的毛病。比如哪个字发音不够准确，哪个地方吐字还不清晰，等等，这样就更有利于你有目的地进行纠正、学习。你还可以把你的速读录下来，然后自己听一听，从中找出不足，进行改进。

2. 背诵法。一是要背，二还要诵。这种训练的目的有两个：一是培养记忆能力；二是培养口头表达能力，锻炼口才。诵是对表达能力的一种训练。这里的诵也就是我们常说的朗诵。它要求在准确把握文章内容的基础上进行声情并茂的表达。其方法是：第一步，对选定的材料进行逐句逐段分析，推敲每一个词句，从中感受作者的思想感情，并激发自己的感情；第二步，对所选的材料进行一些艺术处理，比如找出重音、划分停顿等，这些都有利于准确表达内容；第三步，在以上几步的基础上进行背诵。

在背诵的过程中，也可分步进行。第一，先将文章背下来。不要求声情并茂，只要能达到熟练记忆就行。第二，是在背熟文章的基础上进行大声朗诵，并随时注意发声的正确与否。第三，用恰当的语速语调、饱满的情感，抑扬顿挫地进行背诵。平平淡淡、没有波澜、没有起伏、一调到底的朗诵是不成功的。

如，朗诵作品《乡愁》（余光中）：

小时候 / 乡愁是一枚小小的邮票 / 我在这头 / 母亲在那头。

长大后 / 乡愁是一张窄窄的船票 / 我在这头 / 新娘在那头。

后来啊 / 乡愁是一方矮矮的坟墓 / 我在外头 / 母亲在里头。

而现在 / 乡愁是一湾浅浅的海峡 / 我在这头 / 大陆在那头。

3. 练声法。练声也就是练嗓子。练声的方法是：①练气：气息的大小和发声有着直接的关系。气不足，声音无力，用力过猛，又有损声带。所以练声，首先要学会用气。吸气：吸气要深，小腹收缩，整个胸部要撑开，尽量把更多的气吸进去。呼气：呼气时要慢慢地进行，要让气慢慢地呼出。呼气时可以把两齿基本合上，仅留一条小缝让气息慢慢地通过。有条件的话，可以到公园去做深呼吸。②练声：先放松声带，用一些轻缓的气流振动它，让声带有点准备，发一些轻慢的声音，千万不要张口就大喊大叫，那只会对声带起破坏作用。声带活动开了，还要在口腔上做一些准备活动。口腔是人的一个重要的共鸣器，声音的洪亮、圆润与否与口腔有着直接的联系。口腔活动可以按以下方法进行。一是张闭口练习，活动嚼肌（也就是面皮）这样等到练声时嚼肌运动起来就轻松自如了。二是挺软腭。这个方法可以用学鸭子叫“gāgā”声来体会。人体还有一个重要的共鸣器就是鼻腔。有人在发音时，只会在喉咙上使劲，根本就没有上胸腔、鼻腔这两个共鸣器，所以声音单薄，音色较差。练习用鼻腔的共鸣方法是学习牛叫。但是，千万不要在早晨刚睡醒时就到室外去练习，那样会使声带受到损害。特别是室外与室内温差较大时，更不要张口就喊，那样冷空气进入口腔后会刺激声带。③吐字：每个字都是由一个音节组成的，而一个音节又可以把它分成字头、字腹、字尾三部分。字头就是我们说的声母，字腹就是韵母，字尾就是韵尾。吐字发声时一定要紧紧咬住字头，嘴唇一定要有力，把发音的力量放在字头上，利用字头带响字腹与字尾。字腹的发音一定要饱满、充实，口形要正确。发出的声音应该是立着的，而不是横着的；应该是圆的，而不是扁的。字尾主要是归音，归音一定要到位，要完整。也就是不要念半截子字，要把音发完整。当然字尾也要能收住，不能把音拖得过长。如果你能按照以上的练习要求去做，那么你的吐字一定圆润、响亮，你的声音也就会变得悦耳动听了。

还可多做以下的练习：a. 深吸一口气数数，看能数多少。b. 跑 20 米左右，然后朗读一段课文，尽量避免喘气声。c. 按字正腔圆的要求读下列成语：英雄好汉、兵强马壮、争先恐后、光明磊落、深谋远虑、果实累累、五彩缤纷、心明眼亮、海市蜃楼、优柔寡断、源远流长、山清水秀。d. 绕口令：好饭换坏饭，坏饭换好饭。牛郎年年恋牛娘，牛娘年年念牛郎。吃葡萄不吐葡萄皮，不吃葡萄倒吐葡萄皮。

4. 复述法。是指学生用自己的语言和课文中学过的语句，将课文的内容有条理、有重点地表达出来的一种重要方法。通过复述能帮助学生深入理解课文，积累语言，培养他们的表达能力。复述课文的方式主要有以下三种：

第一，详细复述。即按课文的顺序作清楚、明白、连贯的复述。

第二，简要复述。即按照课文的顺序，删去那些次要的解释性或描写性的部分，抓住文章中主要的东西来复述。

第三，创造性复述。它不仅要求复述课文的内容，并且要求在复述过程中加上自己的想象和见解。

例如，学完《最后一课》之后，要求学生详细复述小弗郎士赶到课堂以后看到的情形（从“平常日子”起，到“原来就是这么一回事”止），就是详细复述。这种复述应该鼓励学生多引用原文，以便丰富学生的词汇。

学完《生的伟大，死的光荣》之后，可以要求学生简要复述刘胡兰同国民党匪帮英勇斗争、慷慨就义的经过。复述的时候，教师要指导学生确定重点，作有条理的连贯叙述。

学完《卖炭翁》之后，要学生把诗歌改编成故事，适当地加进自己合理的想象和评述，然后再作口头复述。这就是创造性复述。它可以较多地运用自己的语言叙述，以利于发展学生的口语。

5. 模仿法。就是向这方面有专长的人学习。①模仿专人。在生活中找一位口语表达能力强的人，请他讲几段最精彩的话，录下来，供你进行模仿。你也可以把你喜欢的又适合你模仿的播音员、演员的声音录下来，然后进行模仿。②专题模仿。几个好朋友在一起，请一个人先讲一段小故事、小幽默，然后大家轮流模仿，看谁的模仿最像。也可以采用打分的形式，大家一起来评分，表扬模仿最成功的一位。这个方法简单易行，且有娱乐性，课上、课间、课后都可进行。只要有三四个人就能进行。③随时模仿。我们每天都听广播、看电视或电影，可以随时跟着播音员、演播员、演员进行模仿，注意他们的声音、语调，他们的神态、动作，边听边模仿，边看边模仿，天长日久，你的口语能力就得到了提高。这里要求要尽量模仿得像，要从模仿对象的语气、语速、表情、动作等多方面进行模仿，并在模仿中有创造，力争在模仿中超过对方。在进行这种练习时，要注意选择那些对自己身心健康有好处的语言动作进行模仿。

6. 描述法。就是把你看到的景、事、物、人用描述性的语言表达出来。主要目的就在于训练你的语言组织能力和语言的条理性。其方法是以一幅画或一个景物作为描述的对象。第一步，对要描述的对象进行观察。比如，我们所要描述的对象是“秋天的小湖”，那么我们就要观察一下这个湖的周围都有些什么。有树？有假山？有凉亭？还有游人？并且树是什么样子，山是什么样子？凉亭在这湖光山色、树影的衬托下又是个什么样子？秋天里的游人此时又该是一种什么心情呢？第二步，描述。首先要抓住景物的特点进行描述。语言要清楚，明白，要有一定的文采。描述时千万不要变成记流水账，平平淡淡，一定要用描述性的语言，尽量生动些、活泼些。其次要有顺序地进行描述，不要东一句、西一句的，描述出的东西，要让人听了以后能知道你描述的到底是个什么景物。

描述的时候允许有联想与想象。比如，你观察到秋天的湖边有一位白发苍苍的老爷爷，孤独地坐在斑驳陆离的树荫下，你就有可能联想到自己的爷爷，也可能想到这个老人的生活景况，还可能想到“夕阳无限好，只是近黄昏”这一诗句……那么在描述的时候，你就可以把这一切都加进去，使你的描述更充实生动。

7. 角色扮演法。就是要学演员那样去演戏，去扮演作品中出现的不同的人物角色（不单是语文课）。当然这个扮演主要是在语言上的扮演。其方法是：①选一篇有情节、有人物的小说、戏剧为材料。②对选定的材料进行分析，特别要分析人物的语言特点。③根据作品中人物的多少，找几个同学，分别扮演不同的人物角色。比比看，谁最能准确地扮演自己的角色。④也可一个人扮演多种角色，以此培养自己的语言适应力。这种训练法要求“演”的成分很重，它有别于对朗诵的要求。它不仅要求声音洪亮，充满感情，停顿得当，还要求能绘声绘色、惟妙惟肖地把人物的性格表现出来，而且要配有一定的动作和表情。

8. 讲故事法。讲故事可以训练人的多种口语能力，因为故事里面既有独白，又有人物对话，还有描述性的语言、叙述性的语言。其方法是：①分析故事中的人物。故事的情节性是十分强的，而且故事的主题大都是通过人物的语言、行动表现出来的。所以在讲故事之前就要先研究人物的性格特征，以及人物之间的关系。如，要讲《皇帝的新装》这个童话故事，你就要分析其中的几个人物以及他们的性格，然后把国王的愚蠢无知，骗子的狡诈阴险，大臣的阿谀奉承、不分是非，乃至小孩的天真无邪，都用语言表现出来。②掌握故事的语言特点。故事的语言，其最大的特点是口语性强、个性化强。所以当我们拿到一个材料的时候，不要马上就开始练习讲，而要先把材料改造一下，改成适合我们讲的故事。

这个工作可以请老师或爸爸、妈妈帮做。③反复练讲。对材料做了以上的分析、加工以后，我们就可以开始练讲。通过反复练讲达到对内容的熟悉。最后能使自己的感情与故事中人物的感情相融合，做到惟妙惟肖地表现人物性格，语言生动形象。

另外，边练讲，还要边注意设计自己的表情、动作，看看讲故事时的表情、动作是不是与你讲的内容相一致。其要求是：①发音要准确、清楚。平舌音、翘舌音、四声都要清楚。②不要照本宣科。讲故事是不允许手里拿着故事书照着念的，那样就成了念故事了。讲故事要用自己的语言去讲，那样才能生动形象。

讲故事，要“说”“表”兼顾。“说”指的是对故事的内容陈述，“表”是讲故事的人加上自己富有感情色彩的语言、动作、表情、姿态等。

9. 看图说话法。教师先出示图，接着问：“图上画了什么？从图上我们可以知道哪些信息？可以提出的问题是什么？怎样解决？”训练开始时，要求不能太高，只要求学生先能看明白图中的内容，再用通俗流利的语言说清楚就可以了。随着年级的升高，对学生说话的要求逐步有所提高。不单语文课可以进行看图说话写话的训练，同样，其他学科也可以进行这方面的训练。如数学教材图文并茂，每个知识学习之前，都配有导图，要引导学生看懂这些图，并用语言表达出来。

在教学《观猴》看图写话时，一教师设计了以下问题：（1）是什么时间，有哪些人？（2）孩子们在干什么？（3）猴山上的猴子们在干什么？（4）它们玩得怎么样？通过这几个问题，先让学生认真观察图画中的内容，在脑中组织语言，再用完整的话说清楚，最后把说的话写下来。孩子们说：星期一，老师带着同学们到动物园玩。他们来到猴山，看见猴子们玩得真开心啊！有的抢到一个桃子，爬到高高的猴山顶上津津有味地吃起来；有的用尾巴挂住假山的一角，晃来晃去荡秋千玩；还有的把香蕉顶在额头上玩，还扭着腰逗我们玩呢！

10. 口头作文法。口头作文是培养和提高学生的口头表达能力的一种很好的方式，也是训练学生在大众面前即席讲话的好形式。从表达来看，口头作文具有多方面的训练价值。它不但要现想现说，而且要想得快、说得好，同时要发音正确，语句完整，语调恰当，声音洪亮，态度大方，这对学生的思维能力是一种很好的训练。它还要在一定的时间内，把话说得中心明确，首尾完整，条理清晰，通顺明白。它像书面作文那样有充分的时间构思，可以反复修改。这就要求学生必须思维敏捷，思路开阔，而且要周密且有条理。

为了训练学生的说话能力，教师可以让学生朗读自己写的作文。平时教学中每天要求学生坚持进行作文片段练习，一般为几十字到上百字。写完后，让学生读给其他同学听，相互指出对方的优点、缺点。教师要随时抽查和及时指导，并且安排一定的时间，将学生文章中的精彩篇章、段落找出来品读。教师要用自己独特的感悟，讲评作文怎样好、好在哪里、为什么说它好、为什么能写好，然后，在课堂上声情并茂地朗读，从而为学生树立榜样和信心。

口头表达的禁忌：忌语言歧义，忌唱独角戏，忌空洞无物，忌呆板单调，忌伤害对方，忌音效不良，忌语速不当，忌动作太多，忌眼神不定，忌口头禅，忌艰深晦涩。

（五）培养习惯，使学生勤表达

1. 大胆回答问题的习惯

课堂上老师问学生答，是各科老师常用的一种教学手段。学生若能认真地回答老师提出的问题，不仅能更好地理解课文内容，而且还能提高口头表达能力。因此，教师要努力培养学生敢于大胆回答老师提问的习惯，教给学生答问的方法。如，回答老师提问“为什么”时，就要用因果关系的句子来回答；回答一些有争论性的问题时，就要用“我认为”“我觉得”“我的想法是”等来开头引出自己的观点，然后说明理由；在回答文章的主要内容时，就该用“作者是从……这几个方面来写的，重点写了……这样写的好处是……”

要提高学生答问的水平，教师就要指导学生：①题意要审清。无论老师提出的问题是简单还是复杂，都要认真地审清题意。在审清题意的基础上，经过认真思考，确定回答的要点，这样才能做到答题时完整和准确。②方式要选择。回答不同类型的提问要采用不同的回答形式。如，简答题，用简捷明了的三言两语回答即可；分析题，就要作具体的分析、阐述；描述题，回答时还要力求生动、形象；实验题，先要动手实验得到结果后再作回答；计算题，条理性要强，并要重视算理；证明题，逻辑性要强，证明过程的每一步理由要充分。 ③表达要清楚。a. 准确、完整。就是回答问题时，要答到点子上，用词要准确，判断推理要合乎逻辑，语言表达要清楚完整。做到不带口头禅、不说破句、不令人费解、不遗漏、不重复。b. 说话连贯、口齿清晰。就是回答问题时，前后连贯，有条理，咬字清楚，使人听得明白。不东拉西扯、不颠三倒四、不前后自相矛盾、不“挤牙膏式”地回答、不呜呜噜噜地回答。c. 声音洪亮、胆壮气足。就是回答问题时，要把表达的内容，通过一个个字、一个个词、一句句话清晰而响亮地传送出去。④态度要认真。课堂上回答问题时态度要积极认真，不马虎应付，不信口开河。还要讲究礼貌，回答问题要站立，想发言时先举手，待老师允许后再起立发言。不说粗话，不讥讽别人，不随意打断别人的发言，不抢先发言。遇到一时回答不了的问题，可向老师说明白，或请老师提示后再回答。回答问题错了，也不要害怕，可请老师、同学帮助改正，不要爱面子。更不要因为一时回答不了或回答错误，就永远不愿或不敢回答问题。

2. 善于倾听评价的习惯

倾听，是现代人在口语交际时的基本素养，只有耐心地听别人讲话，把别人的话听清、听准，才能做出准确的应答。因此，作为教师，在日常的教学中要帮助学生养成认真倾听的习惯。在平时的课堂教学中，教师可采用这样一些方法：如让学生听录音、听教师朗读课文、听同学发言或朗读；还可让学生复述课文、试着分析课文大意等，这样学生听与说的能力就会逐渐提高。要让学生学会尊重他人的意见，要耐心地等待别人把话说完，做到中间不插嘴、不打断。在评价他人观点时应注意说话的方式和语气，可以先说“我赞成某同学的观点”“我对某同学的发言有意见”或“我想对某同学的发言提点意见”，然后再说自己的观点，这样容易让同伴信服，易于接受。在别人提出意见或见解时，不能轻易否定，应试着问：“你为什么这样做？”“可以说说你的想法吗？”“你看我这样做，可以吗？”……

教师要引导学生善于从同伴的表达中获得有价值的信息，学习同伴的优秀品质与方法。学会彼此尊重，有良好的同伴关系，创造融洽的交流环境，才能更好地促进生生交流。

3. 说出思考过程的习惯

各学科老师都要逐步培养学生会用简单完整的话说出自己发现问题、提出问题、分析问题、解决问题过程的习惯。如，数学学科，学会用数学语言描述实际遇到的数学现象，能用学过的数学术语表达思想，能有层次地说明思考问题、解决问题的过程，能讲明算理、算法，能运用生活经验对有关的数学信息做出解释，能向他人说明白自己数学课后有了哪些收获，能有序地说明一些动手操作的过程。

4. 敢于自我表现的习惯

要提高语言表达能力，就要敢于自我表现，敢于利用一切机会来表达，胆子要大，不怕被人讥讽，不怕别人笑话，努力做到：同学面前说，老师面前也说；班主任面前说，校长面前也说；小朋友面前说，长辈面前也说；同桌同组面前说，全班全校面前也说；人多时说，人少时说；自言自语说，对着镜子说；面对高山说，面对大地说；面对小溪说，面对大海说；语英课上说，数理课上说；思政课上说，艺体课上说；你出题我来说，家里学校社会说。

（六）讲究艺术，使学生善表达

善表达，就是不仅敢说、会说，而且说得好，深受听者欢迎，效果突显。

说得好，就是不仅说得正确、准确、流畅，发音标准、吐字清楚、简明扼要，而且抓住主题说、抓住重点说，说到点子上、说到要害处。

说得好，就是不仅语脉连贯，语法符合规范，有口语特点，用简单句，避免复杂句，杜绝病句，而且富于逻辑，推理论证严密，词句精心修饰，遣词造句精心安排。

说得好，就是不仅说的语速快慢得当、语调升降适时、音量大小适当，而且说得时而抑扬顿挫，时而滔滔不绝，时而如涓涓细流，时而如波涛汹涌澎湃，时而开怀大笑，时而声泪俱下。

说得好，就是不仅说得有趣有味、生动幽默、有吸引力，而且说得有思想性、有条理性、有启发性、有鼓动性。

说得好，就是不仅说得简洁、明了、语言大众化，而且运用比喻、夸张、借代、排比等修辞方法，使得语言更加形象、直观，语言色彩更加适合听众特点。

说得好，就是不仅讲究说的科学性、启发性、艺术性，而且讲究说的针对性、实效性，针对不同环境、不同对象、不同地点、不同时间、不同人数采用不同的方式方法来说。

说得好，就是不仅认真准备、提前演练、熟悉听众、熟悉设备、提前到场、情绪稳定，而且说得充满信心、充满激情、充满感情、充满人格魅力、充满喜怒哀乐。

说得好，就是不仅重视口头语言的交流，而且重视肢体语言的交流，充分发挥身姿、手势、眼神及面部表情的作用。

仪表是指人的外表，包括穿着、容貌、风度等，所以，表达时要举止端正，服装整洁，彬彬有礼。通过面部的神态变化来表达感情，有助于表达，能唤起听众的思想共鸣。目光是表情的最活跃的因素，是传神之物，是心灵之窗，最富有感染力，要学会用眼睛说话，用眼睛来沟通和听众之间的感情。动作是指身体姿态和手势，动作要自然，要适当，能唤起听者对你的注意，达到预期的目的。

如，手掌的运用：

（1）推掌——表示坚决、否认、果断、排斥、势不可当等意。

（2）伸手（单或双手掌心向上）——表示请求、交流、许诺、谦逊等。

（3）抬手（单或双手掌心向上、两臂抬起）——表示号召、唤起、祈求、激昂、愤怒、强调等。

（4）摆手（掌心向下）——表示否认、蔑视、不屑一顾等。

（5）压手（掌心向下）——表示要安静、停止或气愤、激动等。

（6）挥手——表示兴奋、果断、鼓动、呼吁、前进、致意等。

（7）手掌放在胸前——表示自己、祝愿、愿望、心情等。

（8）两手掌心相对——表示距离、物状、说明、描述等。

（9）手掌放在身体一侧——表示憎恨、鄙视、气愤、指示人和事等。

（10）两手由分而合——表示亲密、团结、联合等。

（11）两手平端向上挥动——表示鼓动、号召、激励听众行动等。

学生良好口头表达能力的培养和提高并非一朝一夕的事情，是一个循序渐进、潜移默化的过程，需要经过长期的、艰苦的训练与培养。教师在平时的教学中要努力做到：

多给学生创造表达的条件，需要学生表达的，教师决不代替；
多给学生发表观点的机会，需要学生思考的，教师决不包办；
多给学生留下交流的空间，需要学生探讨的，教师决不灌输。

教 改 实 验

优秀教师可持续发展的必由之路

——“三环节 · 三反馈”教学方式实验研究介绍

毫无疑问，作为一名优秀教师，他必须具备开展教改实验的能力，可以说，选择恰当的教改实验课题开展实验研究，是优秀教师可持续发展的必由之路。教改实验出名师早已不是什么秘密，而是一条规律。

中小学教学改革实验是以现代教育科学理论为指导，以教学领域现象为对象，采取科学的态度和方法，有目的有计划地探索教育教学规律的创造性的认识与实践活动。教改实验是一种教育科学研究行为，它不同于老师们平时所开展的行动研究，进行教改实验研究应该遵循教育科研的基本程序，采用相应的研究方法与技术，以克服实验中的盲目性、随意性，保证实验工作的质量。

我从事一线中小学教学工作近十年，在教研部门当了五年的专职教研员，做了近二十年的教师进修学校和教育局的行政领导。但是，三十多年来，从来没有放弃教学研究和教改实验工作。我所创设与主持的"三环节·三反馈"教学方式实验研究，坚持时间之久、实验区域之广、实验成果之多，在全国为数不多。此项教改实验有两条值得借鉴的经验：一是为中小学教师开展教学改革实验，找到了一条可借鉴的成功之路，那就是，调查研究—筛选经验—理论提升—印证实验—总结推广；二是实验有理论指导，可操作性强，实用性广，见效较快，对如何教会学生学习，教会学生思考，具有较强的指导性与可操作性。作者在长期的教改实验过程中，不仅取得了许多研究成果和荣誉，也促进了自身的成长与发展，得到我们国家一流教学理论专家和一线领导教师的高度评价。下面就“三环节·三反馈”教学方式实验研究的过程与成果与读者共享。

特别说明：2014年“三环节·三反馈”教学方式获基础教育国家级教学成果奖二等奖。

（一）实验提出的背景

20世纪80年代初期，中国开始打开国门，阔步走向世界。“对外开放、对内搞活”的政策，使中国大地发生了翻天覆地的变化。改革开放总设计师邓小平高瞻远瞩，一方面制定了经济发展战略“三步走”的奋斗目标，另一方面又指出：经济发展快一些，必须依靠科技和教育。20世纪80年代初期的中国教育，正处于反思“文化大革命”教训，开展教育拨乱反正的重要时期。在这关键时候，小平同志在1983年10月为北京景山学校题词：“教育要面向现代化，面向世界，面向未来。”这一光辉题词是邓小平教育思想的精髓，是马克思主义教育原理同中国社会主义现代化建设的具体实际相结合的产物，是新的历史时期教育改革和发展的战略指导方针。“三个面向”震撼着中国教育界，在“三个面向”的指引下，各地教育改革蓬勃发展，广大的教育工作者踏上了教改的征途，努力探索“快出人才、出好人才”的有效途径，积极寻求中国教育实现“三个面向”的新路子，一批又一批的教改实验如雨后春笋般地在中国大地上涌现。作为一名立志教改的教育工作者，在这种教改浪潮的推动下，山区县的学科教学改革的路子该如何走？引起了我的思索。

福建连城是地处闽西的山区县，也是我国民主革命时期的老区县，又是国家级的重点贫困县。长期以来交通不便（注：现在已四通八达），经济不发达，教育基础薄弱，加上“文化大革命”期间的严重破坏，所以全县中小学的教学质量一直不够理想，特别是初中的英语科、数学科特别差。1982 年初中毕业生参加福建省中考，数学科成绩全县平均分仅 29.7 分，1983 年为 43.1 分，“车轮滚滚”（零分）和分数仅个位数的学生大有人在。面对这种状况，各级领导都非常关注我县中小学的教学质量问题，教育行政部门和教学业务部门的领导更是感到压力大，表示要下决心尽快改变这种落后的状况。出路在哪里呢？当时的教育局领导和教师进修学校领导明确提出“向管理要质量，向教改要质量”。

1983 年，由于工作的需要，我被调到县教师进修学校任初中数学教研员，面对全县初中数学这种现状，感到担子重、压力大。根据教育局和进修学校领导的意见，首先必须摸清数学科教学质量低下的原因，然后再寻找改变落后面貌的对策与措施。因此，自 1983 年下半年至 1986 年上半年的三年时间里，我深入全县各所中学调查研究，召开了数十场学校领导和师生座谈会，无一缺漏地听了全县 120 余位数学老师的课，计 300 多节，一些经验丰富的老师的课还多次、反复地听。听课过程中做到认真听、认真记、认真评，在此基础上还对听课笔记进行归类与分析。通过以上一系列工作，基本上找到我县初中数学教学质量不高的一些主要原因，简述如下：

1. 学生学习基础不扎实

20 世纪 80 年代初期的初中生在小学低中年级时正处在“文化大革命”后期，当时学校教学秩序还不够正常。到小学高年级和进入初中后，学校教学工作开始拨乱反正，逐步走上正轨，质量开始提高，但发展不平衡，教学质量总体不高，以致到了初中连小学数学四则运算都不过关的学生为数不少。

2. 教师教学水平总体偏低

20 世纪 80 年代初期教育发展较快，初中学生人数猛增，但师资水平跟不上，有合格学历的初中数学教师不到正常数量的一半。相当一部分教师从小学抽调到初中任教，有的是补员顶班的，有的是民办代课的，他们都没有受过正规的高师训练，所以，教学观念落后、教学水平不高、教学方法不当是必然的。加上当时教材要求过高，难度较大，容量过多，更使得不少教师难以胜任初中数学的教学工作。就是一些科班出身的教师，由于“文化大革命”的影响，业务进修放松，教研活动无开展，教学参考资料缺乏，也必然造成教学思想陈旧、教学方法落后、教学手段单一、教学质量低下。

3. 课堂教学效率普遍不高

主要存在以下一些问题：

（1）“填鸭式”“满堂灌”的注入式教学大量存在。不少老师认为，“先生讲、学生听”自古以来如此，天经地义。观念的落后必然导致方法的落后。因此，“粉笔加开讲”，日复一日、年复一年，习惯成为自然，这种教育观念指导下的教学，必然把学生的脑袋当作容器。有的教师课堂上从头到尾一讲到底，有的

45 分钟还不够讲，还要拖堂讲，甚至课后还要挤时间集中起来再讲。“教师讲得天花乱坠，学生听得昏昏欲睡。”在有的教师眼里，教师讲得少就不像上课，就对不起学生，所以讲课总是面面俱到，细了又细，一切由教师包办代替，压制了学生学习的主动性和积极性。

有的课形式上看来“有讲有练”，实质上还是注入式教学。要么由教师先讲半节课，后由学生练半节课；要么先由学生练半节课（或看书），后由教师讲半节课。这只是形式上的讲练结合，并不是真正的启发式教学。

（2）忽视学生智能培养。老师们普遍重视根据大纲、教材的要求，统一向学生系统地传授基础知识与基本技能（这也是十分必要的），但是普遍忽视学生能力的培养与智力的发展，更谈不上个性发挥与情感交流。表现在课堂上，就是教师讲课平铺直叙、风平浪静、一潭死水、没有起伏、没有波澜、没有矛盾、没有交流，教师没有设疑，学生没有质疑。这种教学不仅不能引起学生的注意与兴趣，而且还会抑制学生智能的发展。

有的教师虽然也意识到要重视学生的智能培养，但是没有具体措施和办法。不少教师不会“设疑”“解疑”，或“设疑”“解疑”不当，即使有的教师注意到学生思维能力的培养，也是多以正向思维培养为主，忽视逆向思维、发散思维的培养，不少教师往往以自己的思维（特别是应用题教学和几何证明题教学）代替学生的思维。

（3）教学信息单向传递。由于采用注入式的教学，课堂教学必然是信息单向传递。有的教师认为，把知识向学生传递完了，教学任务也就完成了，对学生到底需要老师给他们什么心中无数。反正我按大纲、教材要求讲课就错不了，我讲我的，你听你的，听不懂是你的事，是因为你基础差或笨。教师对每个学生都“一视同仁”。这种一厢情愿、目中无人的教学，使得教学信息通道严重受阻，教学的信息得不到及时反馈，教学缺乏针对性，学生间的学习成绩差距也就会越来越大，差生也就会越来越多。这是单向传递、统一要求教学造成的恶果。

有的教师口头上也讲教学是师生的多边活动，但实际上还是老师讲了算，即使学生在课堂上有些活动，也是受限制的。如，课内学生自学，有的学生课堂上看书时间不到3分钟，教师提问后又没有留时间让学生思考、讨论，就要学生马上回答问题。如何使学生真正成为教学的参与者、知识的发现者，在一些教师眼中显得非常淡薄。

（4）学法指导太薄弱。课堂教学中普遍忽视指导学生怎样学的问题。有的教师也认识到，要重视学法指导和学生良好学习习惯的培养，如，要求学生课前预习、课后复习，但大多无具体要求与措施，只停留在形式上、口头上，是号召式的，落不到实处，所以收效甚微。长此以往，势必造成一些学生依赖思想严重，离开教师就不会学习。不少学生不会阅读课本，不懂怎样进行复习、预习、练习、作业、小结，不会独立思考问题，不知如何评价自己的学习；有的学生认为学习数学就是解题，所以靠起早摸黑，加班加点取得一时的高分。

此外，在课堂教学中，诸如重智育轻德育、重智力因素轻非智力因素、重解题结果轻解题过程等也是比较严重的。由此可见，课堂教学已到了非改革不可的地步。

但是否课堂教学就没有教学经验可谈呢？回答也是否定的。我在调查研究的过程中发现，尽管当时师资水平和教学质量总体不理想，教学手段陈旧落后，但是，仍然有一批教学经验丰富的教师在同样的生源情况下，教出来的学生成绩总是高人一筹。归纳起来，有两条经验是非常突出的：

1. 编写提纲，指导学习

有的教师上课前就编好思考提纲，并用小黑板写好，上课时让学生对照思考提纲看书思考，教师巡视指导，然后师生共同提问答疑，精讲重点。凡是长期坚持这种做法的老师，教出来的学生不仅学习成绩好，而且自学能力普遍更强。

2. 当堂测验，当堂讲评

有的教师，每课必留 10 ~ 15 分钟时间让学生做一份课前由教师编印好的小测验题，做完后立即讲评，课外作业也要求学生当天完成，教师力争在当天批改完，至少在下一节课上课之前将作业发到学生手中，为作业讲评做好准备，使下节课教学更有针对性。凡是能长期坚持这种做法的老师，其教学效果也都很好。

以上两条经验做法，我在中学任教时也做过类似的尝试，并取得了较显著的效果。但这两条经验是否有理论依据呢？是否有推广价值与可能呢？

20世纪自然科学的重大成就之一——“三论”（系统论、信息论、控制论）在 80 年代初期可谓席卷全球，吸引了众多的研究者，各个领域、各行各业都在研究“三论”、应用“三论”，处处都体现出“三论”的影响力。但是，“三论”及其有关原理对课堂教学改革是否有指导意义呢？

以上这些问题，都十分有必要进行一番研究与实验。

综上所述，开展课堂教学改革实验是社会与时代对我们的要求，是改变课堂教学现状、提高教学质量的需要。把优秀教师的教学经验总结出来，并在一定的理论指导下进行提炼，然后加以推广，是一名教研员的职责。为此，在调查研究和认真总结优秀教师教学经验的基础上，参照国内外先进教改成果，根据控制论、信息论、系统论及其抽象出来的三条基本原理，我们拟定初中数学“三环节·三反馈”教学方式实验研究课题。

（二）实验发展的轨迹

“三环节·三反馈”教学方式实验研究，大体上经历了以下几个阶段：

第一阶段：教学现状调查和课题实验准备阶段（1983 年秋至 1986 年秋）

根据本县初中数学教学质量低下的现状，我用三年时间跑遍全县所有中学，听遍全县所有数学老师的课，计 300 多节，召开数十场学校领导和师生座谈会，从中找到了初中数学教学质量不高的三个主要原因，总结出有利于提高山区县教学质量的两条重要经验。在此期间认真学习、钻研了现代“三论”知识和有关教育教学理论，以及国内外较有影响的各种教学方式方法，初步构想出“培养学生自学能力，大面积提高教学质量”的基本框架。

1. 在培养学生自学能力方面提出三条构想

（1）学生自学能力的培养，必须在教师的指导下进行，不是无师自通，不能放任自流；

（2）学生自学能力的培养，必须有计划、分阶段地进行，不能停留在形式上、口号上；

（3）学生自学能力的培养，必须有可操作性，要编写出预习思考提纲。

以上构想必须经过实验加以验证。

2. 在大面积提高教学质量方面提出三条措施

（1）制定提高全县初中数学教学质量的教学常规要求，并发至各校教研组；

（2）对全县所有初中数学老师进行一次教材教法和教学常规要求的培训；

（3）编写《每课一练》和《单元过关测试题》。

以上三条措施，1987 年以前基本上得到落实，为以后的全县初中数学教学质量的大面积提高奠定了很好的基础，加上后面几年教改实验的同步进行，使得我县初中数学教学质量从 1982 年、1983 年的全地区共 7 个县（市）中考成绩倒数第一，稳步上升到 1987 年中考成绩全地区第一，并连续保持了 5 年之久，1990 年全县中考数学成绩平均分超过 90 分（满分 100 分），及格率也超过 90%，达到历史最高水平。

第二阶段：课题实验阶段（1986 年秋至 1989 年秋）

1986 年的暑假，在第一阶段准备的基础上，制订“初中数学‘三环节·三反馈’教学方式实验研究计划”，成立课题实验领导小组和研究小组。从 1986 年秋季开始，在连城二中（城镇普通完中）和揭乐中学（农村薄弱初中），各确定一个普通班级为实验班，平行班级为对比班，实验教师为普通教师，实验做法是采用普通教材，每天另外提供一张8开纸的实验辅助材料，即将每课时的复习题、预习题和练习题（三习本）事先编印好，课堂上教师以此材料配合教材组织教学，积极地引导学生复习、预习、练习，各个环节发现问题及时反馈，及时矫正，及时调控。一学期实验结果表明，学生的自学能力和学业成绩得到显著提高。第二学期参加实验的班级增多。1987年本项实验被列入龙岩地区教育学会重点教育科研课题，在龙岩地区教育学会和中学教研室的推荐下，《培养学生自学能力，发展学生思维能力——初中数学“三环节·三反馈”教学方式实验研究阶段报告》获“福建省1988年（首届）中学教改经验总结优秀成果奖”。之后参加实验的学校不断增多，至1989年全县达十几所学校之多。实验班的实验报告表明，实验班学生的学习兴趣较为浓厚，学生学习成绩均有较大提高，自学能力得到较好的培养，思维能力有所发展，学生的学习负担并没有增加。

在此阶段，还初步完成以下工作：

（1）确定了实验的指导思想与目标；

（2）研究了“三论”及其有关原理对实验的启示与指导意义；

（3）形成了“三环节·三反馈”的具体内容；

（4）提出实验班教师教学过程中必须遵循的若干条教学原则；

（5）编印了《初中数学每课复习·预习·练习》辅助材料；

（6）每学期召开一次全县性的实验班老师培训与研讨会议。

第三阶段：扩大实验范围阶段（1989年秋至1998年秋）

在各级教育行政部门、教科（研）部门、教师进修院校及教育学会的领导及专家的关心指导下，在实验班所在学校领导及师生的共同努力下，使得本项实验能有组织、有计划、有成效地开展。1989 年秋季开始，经龙岩地区教育局及龙岩地委宣传部同意，成立本项实验的课题研究小组，由教师进修学院副院长陈永枢挂帅，邱汉民、邱仁炳、陈清森、罗养贤等教研员参与组织，将此项实验向本地区内的各县（市）及外地一些县（市）的部分中学扩大，参加实验的学校多达数十所，实验班数百个。本省的福州、莆田、泉州、漳州、三明、宁德、南平等地市，江西、广东、江苏、广西、安徽、甘肃、贵州、宁夏等省份一些学校的一些教师也要求参加本教学方式的实验。1992 年秋开始在小学高年级的语文、数学科作迁移实验，也很快取得了显著效果，深受师生和学校领导欢迎。连城县姑田中小的实验报告获“福建省第三届教改成果三等奖”。

本阶段主要做了以下工作：

1. 加强培训学习。每年由地、县教育行政部门和教研部门召开一至两次集交流、研讨、培训于一体的课题会议，请地、县教育行政部门领导到会讲话。龙岩地区教委的历任主任和分管主任以及龙岩地区教师进修学院历任院长和分管院长都非常重视和支持本项实验的开展，龙岩地区教委 1994 年就此课题专门向全区发了《会议纪要》，龙岩地区教育学会领导给予极大关心，提出推广本项实验的意见，龙岩地区普教室和课题组的老师们注意加强实验班教师的教育教学理论学习，帮助实验班教师转变教学思想、更新教学观念，领会实验的精神实质。

2. 摸索推广方法。开始“如何推广教改实验成果”的研究，摸索出“理论先行、转变思想、辅助用书、经验内化、研培结合、片际活动”的一套推广教改实验成果的方法。

3. 交流教改成果。编印《教改实验总结专辑》5 辑；评选实验优秀总结文章 100 多篇；在省级刊物上发表文章 6 篇；在全国性学术会议上交流并获奖文章 8 篇，其中 4 篇获一等奖；正式修订出版实验辅助用书《初中数学每课辅导》共 7 册（福建教育出版社）、《初中数学实用学习法》（北京师范大学出版社）；课题组获“1994 年福建省首届苏步青数学教育（团体）提名奖”；1994 年 5 月福建省中学数学四项教改实验研讨会在连城县召开。

4. 深化专题研究。深入开展本项实验中“课堂教学一般模式及三类课型”“实验教学原则”“学生学习方法指导”等课题的研究。

5. 聘请专家指导。聘请刘显国（全国反馈教学研究会会长）、林铭荪（福建省普教室主任）、王永（福建省普教室理科主任）、余文森（福建师范大学教授）、区旦（福建省龙岩市教育学会会长）及市教委有关科室领导、专家担任本课题实验的顾问；推荐实验班老师几十人次参加全国性有关学术会议。

6. 培养带头人。不少实验班教师被评为省、地、县优秀教师，有的还被提拔为学校领导，为初中数学学科教师队伍建设做出一定的贡献。

第四阶段：深化研究阶段（1998 年秋至 2005 年秋）

为了迎接 21 世纪的挑战，需要教育改变人才培养模式，努力造就德智体美等全面发展的高素质的创新型人才。所以，1998 年以后各级教育行政部门都非常重视课题研究与教改实验工作，各级都确立了一批教改实验项目，并就如何加强课题管理工作都下发了红头文件。特别是 1999 年 6 月党中央、国务院召开第三次全国教育工作会议，颁发了《中共中央国务院关于深化教育改革全面推进素质教育的决定》（以下简称《决定》），给课题研究和教改实验工作又带来了一个春天，同时，对这项工作的要求也更高了。就本实验课题而言，必须在深化上再下功夫。为此，课题组成员在学习《决定》精神的基础上，根据素质教育的要求，重新修订了实验方案，重新确定实验班，缩小实验范围，以便在深化方面能集中精力，加强研究的深度与力度。

本阶段着重做了以下的工作：

1. 申报立项，调整机构。向省、市课题管理小组申报立项，经审核，本课题继续被确定为省、市立项课题。市及各县（市、区）重新调整课题研究小组，由龙岩市普教室主任罗养贤老师担任市级课题研究小组组长，各县（市、区）进修学校分管校长或教研室主任（教研员）担任各县（市、区）课题研究小组组长，加强了领导力量。各县（市、区）重新确定一批中小学校为重点实验学校。

2. 加强理论学习与研讨活动。利用各种机会组织实验班老师学习现代教育教学理论，推荐实验班老师参加学术年会，送交论文评选；为实验班老师印发教育科研知识、素质教育、创新教育、主体教育等学习材料；汇编实验班老师论文；要求实验班老师在校内举行一次公开课教学，县（市、区）课题组每学期举行 2 ~ 3 次集中研讨活动。

3. 深化课题研究。结合本实验的特点，着重在“学生主体地位的确立”“启发式、导学式、讨论式、问题式教学”“面向全体、分层递进”“创新精神与实践能力培养”“课堂教学模式”“课堂教学原则”等方面深入进行研究，并取得系列成果。多篇论文在全国、全省获奖或收入论文集正式出版；《导学启思，反馈矫正——“三环节·三反馈”教学方式实验》发表于1998年8月14日的《中国教育报》；“三环节·三反馈”教学方式实验获教育部“1998年全国师范院校基础教育教改实验项目三等奖”。

4. 融入新课改研究。2002年秋，我已调到厦门集美中学任教，因此，大面积区域实验只能由龙岩市普教室组织。2002年秋，恰逢国家新一轮课程改革实验在33个实验区启动，厦门是实验区之一，我在集美中学教科室负责新课改工作，正好结合新课改的实验，开展了如何将自己的教改实验成果融入新一轮的课改实验中去的研究。结果表明，“三环节·三反馈”教学方式实验与新课改所提倡的“自主学习、合作学习、探究学习”并不相悖，而是更有可操作性。在我的倡导下，集美中学的领导和初中部的领导非常重视，2004年秋开始在初中部语、数、英等学科开展了以“导学案”导学的实验，渗透了“三环节·三反馈”教学方式实验教学模式，并取得良好效果。

第五阶段：发展创新阶段（2005年秋开始）

由于工作需要，2005年秋我又调至厦门市湖里区教师进修学校工作，此时正是新一轮课程改革进入全面实施的阶段。为了使自己的工作更有针对性，我深入到中小学校进行调查，发现湖里教育有以下几个问题：

1. 课堂效率不高

新课程实施以来，湖里区的课堂教学面貌也发生了较大的变化，课程改革倡导的新理念、新方式、新方法正在深入人心，课堂教学基本改变了过去那种“过于强调接受学习、死记硬背、机械训练”的状况，初步建立了以“主动参与，乐于探究，交流与合作”为主要特征的学习方式，体现了新课程改革“以人为本”、着眼于学生充分发展的特点。

但是，由于发展不平衡，有的学校与老师对课堂教学改革的必要性与紧迫性认识不足，传统且陈旧的课堂教学、低效甚至是无效的课堂教学在湖里区的中小学校里随处可见。根据学科教研员对课堂教学的观察和分析，认为常态下的“优质课”比例还很小，占 15% ~ 20%；良好和合格的课各占 30% ~ 35%；效率不高的课也占 15% ~ 20%。也就是说我们的课堂教学有一半是较好的，但约有一半是很有潜力的，或是说尚需加以改进的。

2. 生源素质差

湖里区地处城乡接合部，生源本来就“先天不足”，加上大量外来员工子女进入我区就学，无疑加重了湖里教育量的发展与质的提升的压力；市直及兄弟区一些学校凭借优惠的招生政策与优质的教育资源，把湖里的优秀学生大量招走，更是让湖里教育质量的提升雪上加霜。湖里教育，尤其是初中教育面临困境，不少老百姓不信任甚至不认可湖里教育，有的家长千方百计把自己的孩子转出湖里区就读。面对这种现状，许多学校和老师们采取了一系列措施，也收到一些效果，但是学生厌学现象依旧严重，据调查，小学 20%以上、初中 30%以上的学生，不想学、不愿学、不会学。同一个班级里的学生差异很大，尤其是差生面太大，给老师们的教学带来极大的困难。

3. 师生负担重

面对这种生源，又要提高教学质量，有的学校采取了一些超常规的做法，如加班加点，延长学习时间，打疲劳战，搞题海战术，加大考试密度。个别的严重到以放松孩子的思想品德教育为代价来换取教学质量，以牺牲孩子的身心健康为代价来换取教学质量。

如何使湖里的教育质量让老百姓信得过？如何使课堂教学效率更高？如何使绝大多数学生想学、愿学、会学、学得好？如何做到既能减轻师生过重负担又能大面积提高教学质量？教育规律和典型教改经验告诉我们，答案只有一个：走课堂教学改革之路！

如何改？搬外地经验，恐鹦鹉学舌、邯郸学步；重起炉灶，担心时间长、代价大。通过讨论研究，教育局、教师进修学校及中小学校的领导和老师们都认为，唯有结合湖里教育实际，借鉴外地先进教改经验，如洋思中学的“先学后教，当堂训练”，东庐中学的“讲学稿”，杜郎口中学的“10+35”等，并充分利用湖里本地教改资源，如蔡塘学校的“教学案”实验，金尚中学的“分层教学”实验，厦门三中的“每课一练（考）”，以及我所总结设计的“三环节·三反馈”教学方式实验等，走出一条符合湖里教育实际的课堂教学改革之路。在教育局领导的重视与支持下，在我的倡导下，蔡塘学校等一批中小学校在校长们的带领下，从2008年开始以《导学与反馈》为抓手，以“三环节·三反馈”教学方式的三种课型——“教读课”“导读课”“自读课”为基本教学模式，开展了“先学后教、有效教学”的教改实验，取得了初步成效，目前正在扩大实验范围。

（三）实验的指导思想与目标

“三环节·三反馈”教学方式实验的指导思想是：以邓小平提出的“教育要面向现代化，面向世界，面向未来”和《中共中央国务院关于深化教育改革全面推进素质教育的决定》为指导，遵循教育教学规律，遵循少年儿童身心发展规律和年龄特征，充分调动学生学习的积极性、主动性。通过实验研究达到以下目的：探索一条既能符合教育改革要求又能改变课堂教学现状，以培养学生自学能力为主，发展学生思维能力为目的，既能减轻师生过重负担，又能大面积提高教学质量的新路子，从理论和实践的结合上为课堂教学改革提供实践经验和理论依据。具体目标如下（经过一个学段后）：

1. 自学能力。通过狠抓“先学后教”的落实，实验班学生的自学能力有明显提高，绝大部分学生学习的积极性、主动性得到较好发挥，有了自学的兴趣，养成了自学的习惯，掌握了科学的学习方法，能读懂教材和其他相关材料，会做读书笔记和卡片，会一边阅读一边思考，会使用各种工具书，具有较快的阅读速度，善于总结自己的学习经验。

2. 思维能力。通过狠抓思维训练，大部分学生形成良好的思维习惯，敢于和善于提出问题、思考问题、解决问题。不少学生掌握了分析和综合、比较和归类、抽象和概括、系统化和具体化、归纳和演绎等基本的思维方法。部分学生具有较强的思维能力和良好的思维品质，表现在思维的独立性（善于独立地发现、分析、解决问题）、灵活性（会具体问题具体分析）、敏捷性（解决问题迅速准确）、逻辑性（推理严密、条理性强）、全面性（能全面深入地思考问题）、批判性（不盲从，善于比较、鉴别，从中找出问题，提出看法）等方面。

3. 师生负担。实验的起始阶段，教师负担适当重些（备课要特别充分，实验方法要摸索，学生情况要熟悉，实验材料要吃透），一学期后负担正常，待学生自学能力有所提高后，教师负担逐渐减轻；实验班学生学习负担，在实验起始阶段不重于普通班学生学习负担，具有一定的自学能力后，逐渐减轻负担。节假日不上课，平时不加班加点（课外兴趣小组活动例外）。

4. 教学质量。通过狠抓教学的及时反馈与矫正，提高课堂教学效率，立足在课堂上解决学习的主要问题，扎实开展“兵教兵”活动，使各类各层次的学生都能学有所得，大面积提高教学质量。师生的身心素质好，师生平等，关系融洽，心理负担较轻，非智力因素发挥较好，思想品德表现良好；大多数学生养成锻炼身体习惯，注意用眼卫生，近视率低于同龄人平均水平。

（四）实验的理论依据

任何一项教改实验都必须有科学的理论作指导，否则，这项实验将成为无源之水、无本之木。20 世纪 70 年代以来，系统论、信息论、控制论在各行各业都得到了广泛的应用，能否把“三论”引入教学领域，把“三论”抽象出来的有关原理应用到课堂教学中去呢？答案是肯定的。

1. 系统论

简单地说，系统论是关于研究一切系统的一般模式、原理、规律的科学。系统论是现代方法论。它把世界和世界中的每个事物都看成系统和系统的集合，也就是说，世界万物皆成系统，系统无处不在，无处不有。系统是由相互联系、相互制约的若干部分，按一定规律和层次组成，具有一定功能的整体。我们知道，教与学是相互联系、相互作用的一个整体，教学过程是多任务、多层次、多要素构成的复杂系统。教学系统是教育系统的一个子系统。因此，用系统的方法（运用系统原理和系统观点，从全局出发，对系统内外各种联系及其规律进行系统考察和辩证分析，找出合乎目的并能达到目的的最佳方案的方法）来处理教学问题不但是可行的，而且会取得良好的效果。

2. 信息论

简单地说，信息论是关于研究控制系统中，信息的计量、传递、变换、贮存和使用的规律的科学。我们知道，教学是师生间的多边活动，教学活动就是通过信息（教学信息主要指的是教学内容，除此以外，还有教师的语言、板书，学生的答问、讨论、作业，以及师生教学中的各种意识信号，如走动、手势、表情、眼神等）的传递、转化，互相影响、相互促进的过程，是信息的传递、反馈、再生和升华的过程。学生从教材或教师或同学那里吸收信息，又通过面部表情、口头表达、练习答问、作业、考试等形式把信息输出给教师，教师根据学生的反馈信息与预定的教学目标的偏差来调整教学过程。这样使得师生双方始终保持知识信息畅通，达到教学同步，在单位时间里获得最多的有效信息，实现教学的最优化。因此，用信息方法（运用信息观点，把系统看作借助于信息的获取、传递、加工处理而实现其有目的性的运动的一种研究方法，通过信息流的正常流动，使系统按照预定目标实现控制）来研究教学，是促进教学改革、提高教学质量的有效手段。

3. 控制论

简单地说，控制论是研究各种系统控制和调节规律的科学。控制论以各系统所共有的通信和控制问题为研究对象。其任务是探讨各类系统所共有的信息交换、反馈调节、自组织、自适应等方面的共性，进行理论概括和总结，形成一套适用于各门科学的共同语言、概念、模型和方法。控制论认为许多研究对象都是通信和控制系统；通信与控制是分不开的，（信息）通信的目的是控制。要实现控制就必须有反馈。控制的实质就是应用反馈方法达到增强系统稳定或实现系统目标的目的。教学过程实质上也是通信和控制的过程，教学活动是通过反馈来实现目的的活动，它是一个可控的反馈系统。因此，利用反馈控制方法来研究教学过程是有重大意义的。

系统论、信息论和控制论同中有异、异中有同，三者是相互联系的，它们所采用的基本概念、基本思想、基本方法是相类同、相沟通、相渗透的。人们在研究通信和控制系统时都离不开系统、信息、控制等基本概念和“三论”的基本方法。我国著名科学家钱学森主张“三论归一”——系统论。查有梁先生认为把“三论”作为一个整体来看，可以从中抽象出三条最基本的原理，即反馈原理、有序原理、整体原理。

1. 反馈原理

任何系统只有通过反馈信息才能实现控制。反过来说，没有反馈信息的系统，要实现控制是不可能的。

“反馈”就是信息的反向输送（回输、回受）。它是用系统运动的结果调整系统未来运动的一种自控方法，即控制系统把信息输送出去，又把其作用结果返送回来，对信息的再输出发生影响，起到控制作用，达到预期目的。反馈实际上是一种双向通信，其信息通道必须是一个闭合回路。没有反馈信息的非闭合回路是不可能实现控制的。教学是一种有目的的行为，而有目的的行为是离不开反馈的。教学的反馈就是将信息（主要指教学内容）输送出去，又把信息的作用、结果（主要指学生的答问、练习、表情等）返送回来，并进行分析、评价、调节。然后把信息再输送出去，通过调控，不断纠正教学中出现的偏离度和失误，使师生双方始终保持知识信息畅通，达到教学同步，实现教学优化。在教学中应用反馈原理十分重要，作用很大。对教师来说，反馈信息可使教师掌握教学情况，改进教法，找出差距，因材施教，使教学更有针对性；对学生来说，反馈信息可使学生改正错误，找出差距，改进学法，提高学习效率。

反馈原理告诉我们，教师如果不了解学生而随意地讲课，学生不知道结果而盲目地练习，教学是不可能取得好效果的。教与学不是简单的“教师讲，学生听”这样一个单向的因果联系，教师的教指导着学生的学，而学的结果又影响着教。满堂灌、注入式的教学方法，忽视反馈信息和评价信息，只注重输出信息和接收信息，师生双方缺乏信息交流，教学往往无的放矢，带有很大的盲目性，这样的教学必然失去控制，达不到好的教学效果。根据反馈原理给我们的启示，在“三环节·三反馈”教学方式中设计了“课内、课外、单元”三次反馈。

在运用反馈原理时，应注意以下几点：

（1）教学信息的传递与反馈要正确。信息数量要丰富，节奏要强，容量密度要大，渠道要广阔（语言、板书、实验、演示、投影），程序（信息编码）要科学。要做到这些，教师就要熟悉教材，钻研教材，深入了解学生，熟悉学生，必须精心地备好每一堂课，精心地组织好每一堂课。

（2）教学信息的发送与接收必须保持同步。教学是师生的双边活动，双方要协调一致，产生"教学共振"，这样才能取得同步共进的高效率。因此，教师要把课堂教学组织成师生共同参与的双边创造性的智力活动过程，不应把学生的脑袋当容器，把知识往里注，而应把学生看作教学的主体和积极参与者，让学生在知识的形成过程中理解知识、掌握知识，这样教与学才能取得同步。

（3）教学信息的反馈、评价、调控、矫正要及时。有关实验表明："反馈在学习上的效果之显著，尤以每日的反馈较之每周的反馈效率更高。"因此，教师要努力做到当堂的教学当堂反馈、当堂评价、当堂调控、当堂矫正；当天的教学要当天反馈、当天评价、当天调控、当天矫正。要做到这一点，教师就必须了解学生和研究学生。教师在备课时要根据前一个教学过程的反馈信息来确定教学目的；上课时要根据学生的学习情况及时评价，并及时调整教学方法和进度。

（4）要指导学生学会自我调控。教学过程是教师调控的过程，也是在教师指导下学生自我调控的过程。学生要进行自我调控，首先必须及时地获得自己的学习结果，及时地获得矫正性的信息。实验表明：学生了解学习结果比不了解结果，其学习积极性要高得多。因此，教师对学生课堂上的练习、答问、讨论等要当堂给予正确的答案和评价，课外作业及单元考试等也要让学生及早知道结果。这样学生才能及时地调整自己的学习，改进自己的学习态度、方法、时间安排等，从而提高学习效率。

2. 有序原理

任何系统只有开放，与外界有信息交换，才可能有序。反过来说，与外界无信息交换的封闭系统，要使之有序是不可能的。

所谓“序”是指一定系统保持自己整体特性与功能的内部结构方式和运动秩序。无序不成为系统。系统的有序是系统的本质属性之一。有序是变化运动中的有序。因此，开放系统，与外界有信息交换，这是系统有序的必要条件。与外界无信息交换的封闭系统，要使之有序是不可能的。

教学过程是一个长时间的有序的过程。在教学的长期过程中，学生的认识能力是发展变化的，学生的情感、意志和思想品德也是发展变化的，是一个由浅入深、由简单到复杂、由较低级到较高级的发展过程。传统教学体系的弊端之一就是老师只管讲，当书本的“传声筒”，缺乏启发学生思维的环节，很少留给学生较充足的时间思考问题；而学生只管拼命听，死劲记，做被动的信息储存器，学习缺乏思考，不敢发表自己的意见，教学信息得不到交换。这样的系统必然是封闭的，也就是说不可能有序，教学效果也就不可能好。

有序原理告诉我们，教学系统应当是一个开放的系统，师生双方都应当把自己自觉地纳入这个开放系统中，尽量争取与外界交换有用的信息。根据有序原理给我们的启示，“三环节·三反馈”

教学过程中设计了“导学”“精讲”“过关”三个环节。

在运用有序原理时应注意以下几点：

（1）教学过程中要努力促进学生开动脑筋，积极思考。教师要创造条件，让学生有充分的动脑、动眼、动耳、动嘴、动手的机会，不要什么都包办代替。还要鼓励学生敢于发表自己的意见，敢于交流自己的思想。教师要指导学生学会一边听讲（包括听同学发言）一边思考，一边阅读一边思考，一边练习一边思考。教师要留有充足的时间让学生进行思考。

（2）教学中要注意知识的系统性和逻辑性，注意教材的前后连贯和新旧知识的联系。教师不仅要做到熟悉一单元一课时的教材，还要熟悉一个学期、一个学年乃至整个学科的教材，从而掌握知识的系统和教材的逻辑结构，再根据学生的知识基础和生理、心理特点，安排好教学的顺序，并采取恰当的教学方法与手段，把教材的知识结构和学生的认知结构统一起来。

（3）教学中不仅要注意知识教学的有序性，还要注意能力训练及思想品德培养的有序性。传统教学重视知识教学的有序性，忽视能力培养与思想品德培养的有序性，从而造成知识与能力、智力因素与非智力因素的失调。学生能力的培养、发展与思想品德的发展也是有层次、有顺序的，教师要善于按照这种层次、这种顺序，使学生全面地、和谐地发展。

3. 整体原理

任何系统都是有结构的，系统的整体功能不等于各孤立部分功能之和。反过来说，没有结构的、仅由孤立部分组成的系统是不可能存在的。

系统论的宗旨是追求系统功能最佳，创造功能优化系统。因此，“整体功能大于孤立部分功能之总和”是系统论的基本原理。就是说，无论是研究一个要素或一个子系统，还是认识它们之间的联系和作用，都要从系统整体出发。不仅应注意发挥各部分的功能，更重要的是要发挥各部分相互联系形成结构的新功能。

教学过程是一个整体，是一个多任务、多层次、多要求构成的复杂系统。传统教学普遍重视部分（一个个知识点、一节节课）的教学，而忽视本学科、本单元的知识结构及知识间的内在联系以及同其他学科的联系，缺乏从整体上去考虑问题。教师只是把孤立的知识教给学生。这样做的结果必然是只见树木，不见森林，教学不可能优化。整体原理是既强调将知识分解为部分，又强调将知识综合为整体，过分强调某一方面都不利于掌握完整的知识，都是不符合整体原理的。只有既强调有整体的部分，又强调有部分的整体，才算是符合整体原理的。

整体原理告诉我们，要使教学效率高，首先必须从整体上把握问题，然后研究部分与部分之间的关系，最后又综合为整体以解决问题。根据整体原理给我们的启示，在“三环节·三反馈”教学方式中，每节课设计了教学目标和小结，每章节开头及结尾设计了内容提要及单元复习小结。

在应用整体原理时应注意以下几点：

（1）教学目标的确定要从整体上把握问题。不仅要有智育方面的要求，也要有德育、美育方面的要求，甚至是体育方面的要求；不仅要有“双基”方面的要求，也要有能力方面的要求；不仅要有本学科方面的要求，也要有各学科全面发展的要求。只有这样，才能使学生的身心得到全面的、和谐的发展，取得最佳教学效果。

（2）在教学每个章节乃至每堂课上都要遵循“整体—部分—整体”的原则。教师课后要进行反思，是否从整体上讲清了这部分知识，是否注意到最终建立整体结构。教学过程中不仅要研究各组成部分、各环节的优化，更要研究整个教学过程的整体优化，使整个教学过程达到最优设计，实现最优控制，取得最优效果。

另外，我国著名教学论专家江山野先生关于学生学习能力的客观发展进程的“五个阶段”的论述，以及我国著名教育理论专家余文森先生最近提炼的关于课堂教学的“三条铁律”的论述，理应成为深化本项实验研究的理论依据。

（五）实验的假设及具体内容

1. 实验的假设

以“三论”及其抽象出来的三条基本原理为理论依据，遵循本项实验的三条教学原则。在教学过程中，通过“导学环节、精讲环节、过关环节”和“课内反馈、课外反馈、单元反馈”的实施，有目的、有步骤、分阶段地培养学生的自学能力，发展学生的思维能力，从而实现既能减轻师生过重负担，又能大面积提高教学质量的目标。

2. 实验的具体内容

（1）“三环节”即导学环节、精讲环节、过关环节，是根据有序原理设计的。

导学环节。就是上课前教师首先通过创设情境，提出能激发学生学习兴趣或求知欲的问题，以此引出新课；然后在教师的指导下，学生在课前预学的基础上，再次自学教材，思考（或讨论）、解答导学思考题中设计的（或自己遇到、想到的）有关问题。在此期间，教师进行紧张的有目的的巡视，接收来自学生方面自学的反馈信息，即时做出评价后，又即时向学生提供反馈信息，从而使学生在教师的指导帮助下学会自学。本环节分三个阶段（即教读阶段、导读阶段、自读阶段）循序渐进，各阶段有各自不同的要求。［见“（六）实验的课堂教学模式”］

导学环节的主要目的在于充分调动学生学习的主动性和积极性，指导学生学会自学、学会思考。

精讲环节。就是在导学环节的基础上，教师根据课堂巡视中掌握的反馈信息和教材的要求，精讲教材的重点、难点、关键点、注意点、联系点。与此同时，教师还要培养学生也会讲。本环节大体也分三个阶段（即边读边讲阶段、师生同讲阶段、生讲师补阶段）循序渐进，各阶段也有各自不同的要求。［见“（六）实验的课堂教学模式”］

精讲环节的主要目的在于充分发挥教师的主导作用，培养学生的自学能力、口头表达能力和发展学生的思维能力，各个阶段基本和导学环节的各个阶段同步。

过关环节。就是通过课堂练习（课内过关）、课外作业（课外过关）、单元测验（单元过关）等形式，检查教学效果。看看每堂课、每单元大多数学生是否都能达到大纲（课标）与教材中规定的要求。对没有达到要求的学生，教师要采取补救措施，并安排适当时间给予第二次甚至第三次的补课机会，直至使大多数同学真正过关为止。

本环节的目的在于及时反馈教学信息，及时检查教学效果，以便能及时调整教学进度与要求，防止差生产生，从而大面积提高教学质量。

以上三个环节紧密相连，环环相扣，以导学环节为根本。

（2）“三反馈”即课内反馈、课外反馈、单元反馈，是根据反馈原理及记忆规律设计的。

课内反馈。就是教师通过课内对学生的口头提问、巡视检查、表情观察、板演、小测、练习及让学生讨论、让学生提问题等方式，及时了解学生完成课前复习（诊断反馈）、课内外预习（效应反馈）、课内练习（巩固反馈）三个层次的情况。教师通过分析后对学生各个层次的学习给予即时评价，又即时将学生所急需的信息反馈给学生，从而使师生都能及时地调整、改进自己的教与学，缩小与教学目标的偏差，达到教与学的同步，实现课堂教学的最优化。

课外反馈。就是教师通过与学生交谈（情感反馈）、批改作业（效果反馈）等形式，再次了解学生掌握当天知识的情况并及时作出评价。当作业通过率较低时，教师应及时采取措施进行补救，如补授知识缺漏、作业面批面改等（回授反馈）。真正做到当天知识当天反馈、当天评价、当天矫正、当天过关。

单元反馈。就是通过单元复习（复习反馈）和形成性测试（测试反馈），一方面巩固本单元所学知识，另一方面及时了解学生掌握本单元知识的情况。教师及时批改后（有时师生一同批改），对本单元的教学进行评价，并及时将有关信息反馈给学生。对未达到过关要求的学生要采取措施及时弥补知识缺漏，必要时对部分学生再次进行单元平行性测试。使得所有学生都能达到教学目标要求（过关反馈）。

以上三次反馈也是紧密相连，不可分割的，尤其以课内反馈最为关键。其目的在于：①使教学能即时反馈，即时评价，即时矫正，达到课堂教学优化；②通过对知识的多次反馈，强化知识记忆，加深知识理解，达到牢固掌握知识的目的。

为了便于从整体上把握“三环节·三反馈”教学方式实验的内容，特编制以下结构图：

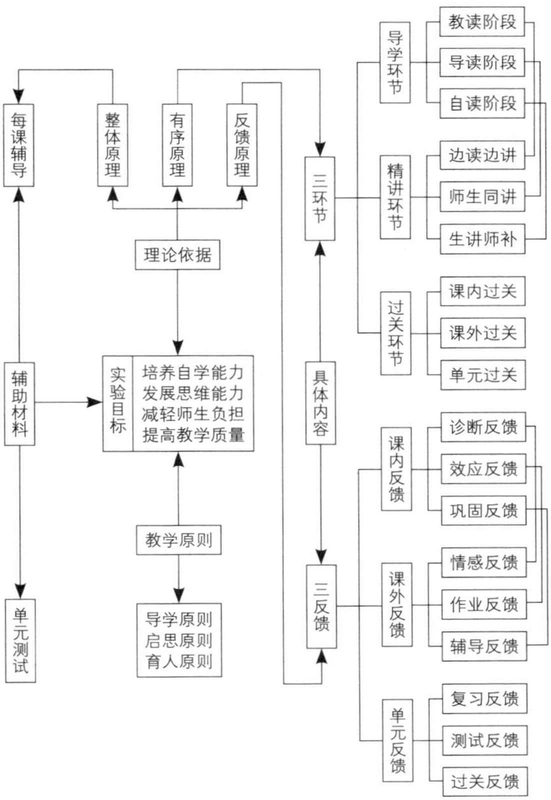

“三环节·三反馈”教学方式总结构图

（六）实验的课堂教学模式

教学是一门艺术，也是一门科学，它应该是有规律可循的，并且总是受到一定理论指导的。这种规律往往以具体的教学活动方案表现出来，当某种活动方案经过多次实践的检验和提炼，形成了相对稳定的、系统化和理论化了的教学结构，就成为我们所说的教学模式。教学模式有的是在总结优秀教师的教学实践经验的基础上概括和归纳出来的，有的是在一定理论指导下先提出一种假设，经过多次实验而后形成的。因此，教学模式既是理论体系的具体化，又是教学经验的一种系统概括，不同的教学结构表现为不同的水平模式。教与学是一种复杂的、自由度较大的活动，因此，它不应该也不可能依靠一种模式实现它的全部功能。

“三环节·三反馈”教学方式是在总结优秀教师经验的基础上，参照国内外教改实验优点，根据控制论、信息论、系统论及其抽象出来的三条基本原理（反馈原理、有序原理、整体原理）而设计的。它不是一种具体的教学方法，但也不等于说在课堂教学中就“无法可依”。对于多数教师来说，必须先是“教学有法”，最后才能达到“教无定法”。根据实验的指导思想、理论依据、教学原则并吸收了一些优质课的精华，我们总结出本教学方式课堂教学的一般模式。许多实验班老师经过实验，普遍认为这种模式对实现本项实验的目标，贯彻本项实验的教学原理与教学原则能够收到较显著效果。其具体内容包含“三段时间”与“六大步骤”、“三个环节”与“三次反馈”、“三个阶段”与“三种课型”。

1. 课堂教学的“三段时间”与“六大步骤”

（1）“三段时间”

第一段：“预学检查，新课导学”的课端5分钟。由于学生课前、课间活动刚结束，思想和情绪还未完全恢复平静，他们所想的是课前或课间的活动内容。所以这段时间里，教师不宜立即讲新课，而应安排能够使学生情绪和思想尽快安静下来，注意力尽快集中起来的一些活动。拟安排“预学检查，新课导学”等。

第二段：“自学展示，师生精讲”的课中25分钟。这时学生的思想和情绪已安定下来，能够保持比较稳定的注意力，是学生学习、掌握新知识的最佳时间。在这段最佳时间里，又有一段黄金时刻（15分钟左右，即课开始的第6分钟起至第21分钟），这时学生精力非常充沛，注意力高度集中，这是接受知识的最好时刻，这段宝贵时间应充分利用好。拟安排“自学展示，师生精讲”等。师生都得高度集中注意力，突出教学重点，突破教学难点，解决教学中关键性的问题，教学的节奏感要强，密度容量要大。

第三段：“精练反馈，评价小结”的课末15分钟。这时有部分学生注意力又开始不自觉地转移，有的开始与同学讲话，有的开始搞小动作，有的又会想到课前、课后的许多事，这段时间里，为防止学生分散注意力，不宜继续讲课，而应安排让学生充分地动口、动手、动脑、动眼、动笔。拟安排“精练反馈，评价小结”等，使知识进一步得到巩固深化。

因为课堂内的时间是非常有限的，所以要科学、合理、有效地进行安排，不浪费一分钟，要使每个学生每一分钟都有收获。在有限的45（40）分钟时间内，只有限制教师“讲”的时间，才能保障学生“学”的时间。教师讲得少了，就会想办法做到讲得精、讲到点子上；只有教师讲得少了，学生才能读得多、练得多、学得多。

（2）“六大步骤”

第一步：预学检查。在上新课之前，教师可有代表性地直接检查6名学生（好、中、差生各2名）课前预学的情况；教师也可通过提问学生、让学生板书或组织学生小测等形式检查学生课前预学的情况；教师也可指定学习小组长在课间或课内对学生课前预学情况进行检查，课前再向老师汇报。通过预学检查，了解学生旧知识掌握情况以及新知识理解的程度，以此为基础来决定课堂教学的针对性。当新课内容较多时，预学检查可提前在课前进行，以免耽误上新课时间。预学检查应把侧重点放在学困生上。

第二步：新课导学。新课的引入，方法很多。一般来说较多采用以旧引新的方法，即通过复习旧课引入新课。不管采用什么方法引入新课，都要精心准备，都要善于抓住学生的心理特征，使学生在迫切要求下进行学习。有时可精心设计一些情境题引入新课，有时可以通过醒目的课题、感人的内容、有趣的游戏、离奇的故事、巧妙的安排、精辟的措辞、直观的教具、形象的图像等手段与方法，来激发学生浓厚的学习兴趣和强烈的求知欲，启发学生积极思维。

新课引入后，教师要出示本节课的学习目标与要求（教师口述、学生口述、板书、书面文字、投影等形式均可），指出本节课的学习重点与难点，指导学好本节课的方法与思路。

以上两个步骤的总时间应控制在5分钟左右。当新课内容较多或旧知识掌握较好时，课端的5分钟可压缩到3分钟、2分钟，甚至 1 分钟，即上课一开始就直奔主题——出示课题，明确学习目标、重难点及思路与方法。

第三步：自学展示。就是教师根据学生课前预学的情况，课内有针对性地指导学生再次阅读课文（特别是教材的重点、难点、关键点），通过思考或小组讨论，解答课前预学时未能解决的有关问题。在此期间教师要紧张地、有目的地进行微观辅导（个别学生的问题）和宏观指导（普遍存在的问题），帮助学生扫除学习障碍，解决疑难问题。教师要鼓励学生多提问、多思考，也应允许同桌、前后桌小声讨论问题。教师要教给学生阅读的方法与要求。指导阅读分三个阶段（教读、导读、自读）进行，不同阶段有不同的要求。

当教材难度不大且学生课前预学较充分时，课内自学可改为学习小组交流、展示学习成果。

本步骤一般控制在 12 ～ 15 分钟内。

第四步：师生精讲。就是教师根据本节课的教学目标与要求，根据学生课内自学或展示所反映出来的有关问题，精讲教材的重点，强化注意点，为学生解决疑难问题，帮助学生分析错误原因，启发学生积极思考，引导学生揭示知识的内在联系与规律。精讲也分三个阶段（边读边讲、师生同讲、生讲师补）进行，不同阶段有不同的要求。在教师精讲的基础上，还要逐步培养学生（特别是“小老师”）也会精讲。

本步骤一般为 10 分钟左右。

第五步：精练反馈。就是在上述步骤结束后，学生分层次独立地完成教师课前精编的练习题（包括再次的阅读、思考、讨论、动手操作等）。在此期间教师要再次有目的地紧张地进行巡视，帮助学生（特别是学困生）解难答疑，再次进行微观辅导和宏观指导。同时及时收集来自学生方面的反馈信息，为讲评做好准备。学生课内精练期间，可以发动练习完成较好较快的学生帮助练习有一定困难和练习速度较慢的同学，从而使绝大多数同学都能做到课内过关。

第六步：评价小结。课内练习做完后，教师公布练习答案（或有目的地安排学生板演），学生自己批改（同桌互相批改或由小组长批改），教师抽样检查学生批改情况。在此基础上教师根据教学目标的要求和学生完成练习的情况，引导学生对自己的学习做出评价，以便及时查缺补漏。最后师生（有时直接由教师、有时直接由学生、有时教师引导学生）对本节课的学习内容、学习方法进行回顾整理，并把本节课所学“新知”纳入“旧知”结构体系中去，逐步形成知识网络，使知识系统化。

以上两个步骤一般为 12 ～ 15 分钟。

小结后可适当布置些课外拓展作业。作业要有层次要求，至少有必做题和选做题，对学习困难生作业要有指导。如果课内过关做好了，也可不布置课外作业。

以上各个步骤紧密相连，一环紧扣一环，一步接着一步，特别要保证“自学展示、师生精讲、精练反馈”三大步骤的时间。但要特别指出的是，以上步骤并不是固定不变的，一定要根据教读课、导读课、自读课和学科特点以及课堂教学的具体情况进行灵活变通。

2. 课堂教学的“三个环节”与“三次反馈”

本项实验总体设计了“三个环节、三次反馈”的具体内容。

而在每节课中“三个环节、三次反馈”仍旧可以体现。

（1）课内的“三个环节”即导学环节、精讲环节、过关环节

课内的导学环节。指的是在学生“课前预学”的基础上，教师指导学生再次进行课内阅读与思考（或讨论）。教师要教给学生阅读与思考的方法，交待阅读与思考时应注意的问题，指出教材的重点、难点部分，从而培养学生的自学能力。

课内的精讲环节。指的是在学生课前预学、课内自学与思考的基础上，根据学生掌握知识的情况，精讲课文的重点，突破教材的难点，强化学习的注意点。精讲不仅指教师的精讲，也包括培养学生能精讲。

课内的过关环节。指的是通过“精练反馈”及“评价小结”，检查学生的学习是否达到学习目标要求。做到每天一小测，达到当堂教学当堂过关。

（2）课内的“三次反馈”即诊断反馈、效应反馈、巩固反馈

课内的第一次反馈（诊断反馈），指的是教师通过对学生作业批改及对学生课前复习诊断题的检查，从而了解学生旧知识掌握的情况，并做出评价。若学生复习不正常或对旧知识掌握不够好，则课内应进行适当的复习弥补，为学习新知识做准备。

课内的第二次反馈（效应反馈），指的是教师通过紧张、有目的的巡视、提问、检测等形式，及时了解学生通过课前预学与课内自学、思考后对新知理解与掌握的情况，并及时做出分析评价，从而决定哪些问题该精讲，需要讲深讲透，哪些问题该粗讲，

一带而过即可。

课内第三次反馈（巩固反馈），指的是教师通过紧张的有目的的巡视、提问及抽查等，及时了解学生课内完成精练反馈题的情况。若有不足，则应在课内小结、课外作业与辅导时进行弥补，真正做到当天知识当天反馈、当天评价、当天矫正、当天过关。

三次反馈的目的是：第一次反馈看基础，第二次反馈看理解程度，第三次反馈看掌握知识的深度。

3. 课堂教学的“三个阶段”与“三种课型”

“三个阶段”指课堂教学培养学生自主学习能力的“教读阶段、导读阶段、自读阶段”，“三种课型”指与“三个阶段”相对应而设计的“教读课、导读课、自读课”。“三读”“三课”循序渐进，分层发展。

（1）教读阶段

当多数学生还不会自己学的时候，以教师的教为主；在实验的初始阶段，以教师的教为主。教师要在学生课前预学的基础上，结合教材及“导学思考”中提出的有关问题，引导学生阅读课文，逐字、逐句、逐段地分析讲解课文，启发学生积极思考有关问题。教师要教学生怎样分析理解课文内容，怎样发现问题、思考问题，怎样解决问题，怎样归纳小结等。本阶段教学的侧重点应放在教学生如何读上。

教读阶段课型（教读课）一般步骤如下：诊断导学→教读精讲→质疑问难→答疑解难→精练反馈→评价小结。

（2）导读阶段

通过教读阶段的培养，学生具备了一些自我阅读能力。这时，教学应以“先学”为主，教师的教应在学生学的后面。学生在课前预学的基础上，在教师的指导下，再次自学教材，思考（或讨论）、解答导学思考题中设计的以及课前预学时自己遇到、想到的未能解决的有关问题。教师根据课堂巡视中掌握的反馈信息和教材的要求，精讲教材的重点、难点、关键点、注意点、联系点。教师要讲得精，讲到点子上，讲到要害处，讲得比学生高明。本阶段教学的侧重点应放在“指导学生自己读”上，教师重在帮助学生掌握教材重点，突破教材的难点，掌握科学的学习方法，培养良好的思维品质。

导读阶段课型（导读课）一般步骤如下：诊断导学→独立先学→小组议学→展示精讲→精练反馈→评价小结。

（3）自读阶段

在教读和导读的基础上，多数学生已具备一定的自学能力，此时教师应放手让学生参考导学思考题中设计的有关问题自学教材。教师只需要帮助一般学生解决疑难问题，对学习困难生进行个别辅导，优生不需导学思考题也能看懂课文，能自己掌握新知识，甚至能有所创新。学生通过自学后，优等生能讲解所学知识，一般学生在教师指导下也能讲，教师只作些评定或补充讲解。

自读阶段课型（自读课）一般步骤如下：诊断导学→独立先学→新知检测→精讲提升→精练反馈→评价小结。

值得特别注意的是，以上三种课型的教学步骤不是一成不变的，应根据学科特点、教材内容和师生实际而灵活变通。

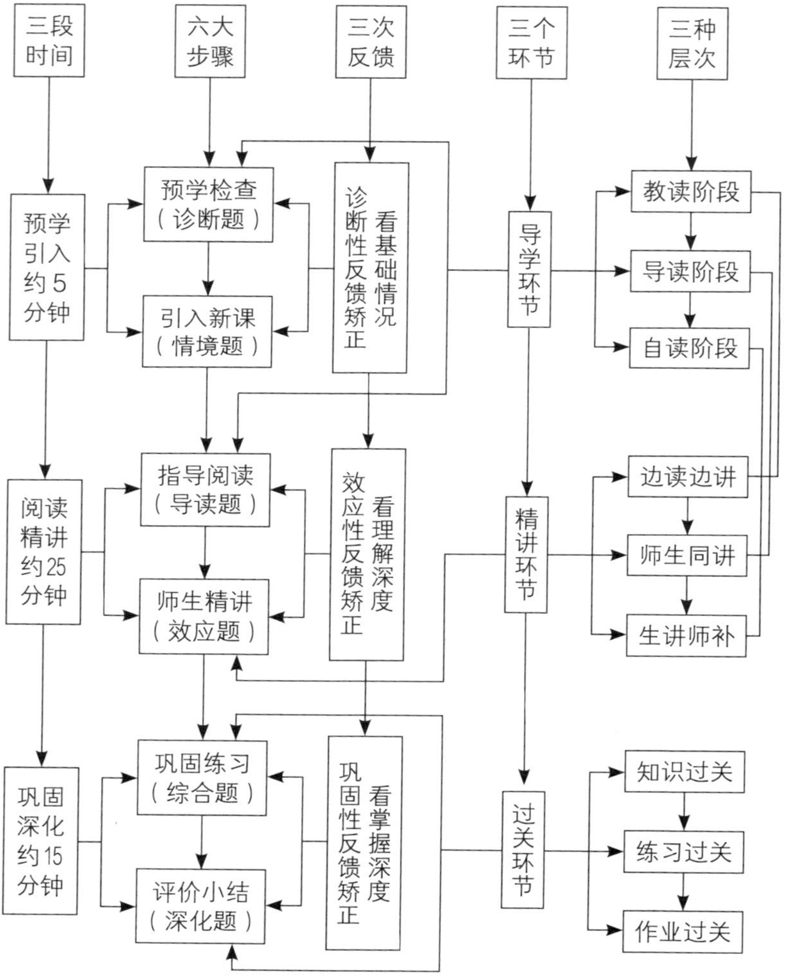

"三环节·三反馈"教学方式课堂教学一般结构图

“三环节 · 三反馈”课堂教学基本结构

（依“不同阶段、师生实际、学科特点、教学内容”而定）

三个环节	教读课（先教后学）	导读课（先学后教）	自读课（先学后评）	三次反馈
导学环节（先学）	诊断导学	诊断导学	诊断导学	诊断反馈（看基础学情）
	教读精讲	独立先学	独立先学	
精讲环节（后教）	质疑问难	小组议学	新知检测	效应反馈（看理解程度）
	答疑解难	展示精讲	精讲提升	
过关环节（矫正）	精练反馈	精练反馈	精练反馈	巩固反馈（看掌握深度）
	评价小结	评价小结	评价小结	

4.“五课型”单元教学方式

当“三环节 · 三反馈”教学方式师生都能熟练掌握，学生具备基本独立学习能力时，可以采用“五课型”单元教学方式进行教学，以加快教学进度，加快学生独立学习能力的培养。

“五课型”单元教学方式就是遵循学生学习能力发展进程的客观规律，以系统论的整体原理为指导，以单元（主题或专题）为一个整体来制定教学目标、组织教学内容、选择教学方式、安排教学时间、编写导学提纲、编制单元检测。并通过导学课、独学课、议学课、展学课、评学课的实施，让学生学会整体感知教材、自主建构知识，提升能力素养。

“五课型”单元教学方式一般结构

教师行为	课 型	学生行为
创境导学	（1）导学课	明标明法
微观导学	（2）独学课	独学独思
深入议学	（3）议学课	交流讨论
释疑解难	（4）展学课	分享解疑
评价小结	（5）评学课	巩固提升

“五课型”单元教学方式课堂实施

教师行为	课 型	学生行为
创境导学 创设学生想学、能学的情境，调动学生学习的积极性。告诉学生本单元(主题或专题)学习的内容与结构、目标与要求、重点与难点、思路与方法、时间点与注意点。使学生知道本单元（主题或专题）将要学会什么,怎么去学,用多少时间学。	导学课 老师指导学生如何学好本单元（主题或专题）。告诉学生本单元（主题或专题）学习的内容与结构、目标与要求、重点与难点、思路与方法、时间点与注意点。 教师要创设学生想学、能学的情境，调动学生学习的积极性。要使学生知道本单元（主题或专题）将要学会什么，怎么去学，用多少时间学。 教改开始阶段教学单元可小些，教师的导学可细些，所用时间可长些。重在树信心、教方法、养习惯。导学课一般占单元总课时的 10% 左右。	明标明法 在教师指导下，明确本单元（主题或专题）学习的内容与结构、目标与要求、重点与难点、思路与方法、时间点与注意点等，做好自学的充分准备。

续表

教师行为	课 型	学生行为
微观导学 认真组织好独学课，学生独学时教师应有目的地紧张地巡视，搜集各个层次的学生的反馈信息。 要根据反馈信息，做好学困生的微观辅导（树信心、教方法、导思路等）与全班普遍性问题的宏观指导（提示、纠偏、引导等）。但教师的微观辅导与宏观指导不宜过多，以免影响学生的相对独立的学习。	独学课 学生根据老师在导学课上的指导意见，独立地阅读教材或其他材料，独立地思考与解答老师编写的《导学与反馈》。 学生独学时教师应有目的地紧张地巡视，搜集反馈信息，进行微观辅导和宏观指导。本课型重在培养学生的独立阅读与思考的能力。独学课一般占单元总课时的30%左右。	独学独思 学生对某个知识或某个问题有不同理解、不同见解、不同解法或存在疑惑时，可记下来，提供小组议学时分享与解疑。 学生会熟练地使用各种工具书、实验仪器、计算器（机）；会在学习材料上画重点、做记号、写批注、记疑难点等；会一边阅读一边思考、一边解题一边思考、一边动手一边思考。

续表

教师行为	课 型	学生行为
深入议学 认真组织好有效的小组交流与讨论；要有目的地紧张地深入到各个小组中去，倾听小组成员的发言，搜集教学反馈信息。 要根据反馈信息，做好学困生的微观辅导（树信心、教方法、导思路等）与全班普遍性问题的宏观指导（提示、纠偏、引导等）。但教师的微观辅导与宏观指导不宜过多，以免影响学生的相对独立的学习。	议学课 教师在《导学与反馈》中预设的思考题、讨论题，必要时学生也可以拿到合作学习小组中进行讨论。 教师要组织好有效的小组交流与讨论；要有目的地紧张地深入到各个互助小组中去，倾听小组成员的发言，搜集教学反馈信息。 必须在学生充分独学的基础上进行讨论。该讨论时才讨论，可讨论可不讨论就不讨论。 本课型重在培养学生的合作能力与表达能力。议学课课时依实际情况而定，一般占单元总课时的25%左右。	交流讨论 学生将自己独学时对某个知识点或某个问题的不同理解、不同见解、不同解法在互助小组内与人分享；将自己对某个知识点或某个问题存在的疑惑在互助小组里进行讨论解决。 互助小组要做好准备在班级展示的学习的成果或疑惑问题的记载。

续表

教师行为	课 型	学生行为
释疑解难 认真组织好展学课，对展示小组展示的成果给予充分肯定，不足之处给予纠正；展示小组提出的未能解决的问题，若其他小组仍未能解决，则教师应给予启发、引导或必要的讲解。教师的讲解是为了帮助学生释疑解难、总结提升、促进发展。	展学课 小组在议学时，若对某个问题有独到的理解，或有不同见解，或有不同的解法，或对某个问题经过小组讨论后仍未能得到解决，可以在班级里进行展示。目的在于分享小组成果和帮助解决小组疑难问题。 必须在学生充分议学的基础上进行展示。 该展示时才展示，可展示可不展示就不展示。本课型重在学生合作精神与解决问题能力的培养。展学课一般占单元总课时的20% 左右。	分享解疑 将在小组议学时总结的研究成果（对某个问题有独到的理解或有不同见解或有不同的解法）与其他小组成员分享；将在小组议学时未能得到解决的疑难问题提请其他小组或老师帮助解决，进而对本单元所学进行总结提升。

续表

教师行为	课型	学生行为
评价小结 针对课标要求和学生实际，提前编制具有针对性、科学性、典型性、灵活性、层次性的《单元过关测试题》。 认真组织单元检测，严肃检测纪律。检测完毕，及时公布答案，组织学生自己批改或同桌相互批改或由小组长批改，学科代表进行成绩统计。教师抽样检查学生批改情况，并对成绩统计进行分析，进而对本单元学习情况做出评价与小结。	评学课 在独学、议学、展学的基础上，学生独立完成教师（或优生）编制的《单元过关测试题》，以检测单元学习目标的达成度。 检测完毕，教师及时公布答案，学生自己批改或同桌相互批改或由小组长批改，学科代表进行成绩统计。教师抽样检查学生批改情况，并对成绩统计进行分析，及时反馈矫正，进而对本单元学习情况做出评价与小结。 必要时，可针对学生存在的薄弱环节，再次进行平行性检测。本课型重在培养学生分析问题、解决问题的能力。评学课一般占单元总课时的15%左右。	巩固提升 认真完成《单元过关测试题》，自觉遵守考试纪律。 根据教师要求，认真做好《单元过关测试题》批改和成绩统计，结合自身情况分析得失，找出原因，弥补缺漏，巩固提升。在老师指导下对本单元学习做出评价小结。

5.“无型无模课堂”教学标准

明确目标与要求：课堂教学的各个环节都要有明确的目标与要求，教师发出的指令要十分清晰，学习目标、学习任务、学习要求要让学生十分明确。

充分地阅读与动手：每堂课都要留出足够的时间，引导学生独立地把教材读懂、读正确、读流利；进而读出感情、读出味道；再而读出方法、读出特点。创造条件，让学生多实践多动手。

独立地思考与质疑：课堂上要留有学生独立思考与质疑的时间，要教给学生基本的思维方法，培养学生良好的思维品质，引导学生能发现与提出有价值、有意义的问题，会提出分析问题、解决问题的思路与方法。

有效地交流与展示：小组交流讨论及班级展示要精心设计，通过组织学生有效交流、讨论与展示，达到相互启发，相互帮助，共同进步。该讨论（展示）时才讨论（展示）。

针对性地讲解与提升：教师必要的精讲须有针对性与启发性。教师的讲解是为了帮助学生释疑解难、总结提升、促进发展。教师要讲到点子上，讲到要害处，要让学生记得住、记得牢、记得活。

层次性地练习与反馈：每堂课都要留出一定的时间，让学生进行课堂练习，练习要有针对性、层次性，练完要进行及时的反馈、评价与矫正，真正做到当堂达标，实现课堂高效。

（七）实验的配套材料

为了使“三环节·三反馈”教学方式能更好地实施，并取得更好的效果，根据“三论”抽象出来的三条基本原理和本教学方式的三条教学原则，按照大纲（课标）要求，并结合学生的特点和学习的一般规律，实验过程中可编写必要的辅助材料，如《导学与反馈》《单元形成性测试题》等，供实验班的师生使用。

如何编写与使用《导学与反馈》，详见本书附录。

（八）实验必须遵循的教学原则

教学原则是根据教学目标和对教学过程客观规律的认识而制定的指导教学工作的基本要求。它是在总结优秀教师的教学经验的基础上，经过理论提炼而成的，是教学要取得成效而必须遵守的各项基本准则。传统的教学原则已经难以适应当前课堂教学改革的需要，根据“三环节·三反馈”教学方式实验的实验目标、实验设计以及素质教育的要求和各地课堂教学改革实验的经验，特提炼出以下教学原则，供实验班老师在实验过程中运用。

1. 导学性原则

即指导、引导学生学习，其目的就是要培养学生的学习能力，这也是现代教学对每位教师的基本要求。但是，学生的学习能力不是无师自通，不是自生自长的，它必须在老师的指导、帮助下才能逐步形成。在课堂教学中，教师必须在“导”字上下功夫。在贯彻这条教学原则时应注意：

（1）在学习新知识之前，要指导学生复习旧知识和预习新知识，要为学生编写或指导学生自己编写一些复习与预习的思考提纲，要为学生指明学习新知识的目的要求与方向任务。教师要努力为学生创设一种新旧知识联系的“最近发展区”，让学生自觉地从旧知识的复习中导出新知识，以“温故”作为“知新”的桥梁。

（2）要指导学生掌握基本的学习规律、学习策略和学习方法；要培养学生良好的学习品质与学习习惯。

（3）要有步骤、分阶段（教读、导读、自读）逐步地指导学生掌握读懂教材、分析教材、理解教材的方法，使学生学会在书上画重点、做记号、写批注、记疑难点。

（4）要指导学生做读书笔记和卡片的方法；学会一边阅读一边分析、一边阅读一边笔记、一边阅读一边思考的方法。

（5）要指导学生适当地、有目的、有选择地多读一些课外书籍，以扩大视野，丰富知识，进一步提高学习能力。

2. 启思性原则

即启发学生思维。思维是智力结构的中枢，思维是学习活动的核心。教学过程中教师启发学生积极思维，也是当前提出的创新教学对每位教师的基本要求。就是说教师教学的任务不但要使学生获得知识，而且要发展学生的思维能力，特别是探究新知识、新方法的创造性思维能力。在贯彻这条教学原则时应注意：

（1）要努力创设问题情境，精心设置疑问引起悬念，让学生在迫切要求下进行学习，从而培养学生的问题意识，激发学生强烈的求知欲望。

（2）要培养学生良好的思维习惯，教师要启发学生敢于和善于质疑问难，学会从无疑处生疑，敢于和善于联想、猜想，敢于和善于自己提出问题、思考问题、解决问题，从而养成爱动脑筋、敢于提问、大胆质疑的好习惯。

（3）要教给学生思维的方法，加强思维训练。在学习的各个环节都要经常地启发学生运用分析、综合、比较、归类、抽象、概括、归纳、演绎、系统化、具体化等思维方法，积极地进行思维训练。有时还要做到眼、手、脑并用，提高思维效果。

（4）要培养学生良好的思维品质。要通过教师有目的的安排，逐步培养学生思维的广阔性、敏捷性、独立性、灵活性、创造性和批判性等。帮助学生努力开拓思路，学会从多方面思考问题，从多角度解决问题。

3. 育人性原则

指教师的任务不单是“教书”，更重要的是要“育人”。也就是说，教师在向学生传授知识、发展智能的同时，还必须不失时机地对学生进行政治思想和品德情操的教育，教会学生做人，使学生树立正确的世界观和人生观，从而刻苦学习，掌握本领，将来更好地为社会主义建设服务。贯彻这条原则时应注意：

（1）教师首先必须深入地了解每个学生的思想表现、学习基础、特长爱好、学习条件及智能等情况，然后在面向大多数学生的前提下有针对性地兼顾“两头”，除了要给表现好的学生“开小灶”外，更需要多关心帮助学习后进生进步。要善于细心发现学生的闪光点，要千方百计地寻找学生在原有基础上的成功和进步，并及时地给学生以表扬和鼓励。对学生的不足之处，一要宽容，二要正确引导，促成其自我克服，自我矫正，自我完善，切莫挖苦、讽刺，或置之不理。

（2）教师要以自己的表率作用去熏陶学生，使学生形成良好的品德、意志和性格。要教会学生做人，教师自身首先要堂堂正正地做人，事事处处要以身作则，严格要求自己，以自己的一言一行潜移默化地影响学生，教育学生，为学生树立榜样。

（3）教师必须深入地钻研教材，挖掘教材的思想性。要充分利用学科中的名人轶事等来培养学生有爱国之情、报国之志，有未来观念、时效观念，有开拓意识、创新精神，有一定的组织管理、社会交往、与人合作和适应环境的能力，有不畏困难、不怕挫折、吃苦耐劳、顽强拼搏的坚强毅力，有爱美情操和审美能力等。

（九）实验的主要特点

1. 有利于调动师生教与学的积极性

“三环节·三反馈”教学方式重视教师的主导作用和学生的主体地位，从教学原则的要求到教学模式的设计，都十分强调学生的学习是在教师的指导帮助下进行的，不是无师自通，但教师又不包办代替。教师的主导作用就在于充分调动学生学习的积极性和主动性，指导学生进行学习，交给学生学习方法，启发学生积极思维，帮助学生解决疑难问题。在教师的指导下，学生可以充分地“动眼、动嘴、动笔、动手、动脑”，积极主动地参与教学过程，充分发挥自己的主动性、积极性、独立性、创造性，真正成为学习的主人。

2. 有利于培养学生的自学能力

有的教改实验也强调学生自学能力的培养，但无具体措施、无方法指导、无材料保证，往往停留在形式上。“三环节·三反馈”教学方式实验的主要目标之一就是培养学生的自学能力，而且做到措施有落实（自学有要求、有范围、有层次、有提纲、有指导、有反馈、有评价），方法有保证（设计了教读、导读、自读三个阶段），材料有提供（出版《学科实用学习法》《中小学学生学习实用基本功》

及《导学与反馈》，印发《实验指导》和《论文集》等）。教学过程强调凡是学生看得懂的要让学生去看，教师不要包办代替。

3. 有利于发展学生的思维能力

传统教学重知识的传授，轻思维能力（特别是创造性思维能力）的培养，或以教师的思维代替学生的思维。“三环节·三反馈”教学方式实验的另一主要目标就是要发展学生的思维能力。为了能实现这个目标，在《导学与反馈》中设计了启发性较强的导读思考题；在教学过程中十分强调要重视学生良好思维习惯与思维品质的培养，教给学生思维方法，努力做到凡是学生经过思考或讨论后能解决的问题，教师要留出时间让学生去思考、去讨论。

4. 有利于提高课堂教学效率

课堂教学是师生间的多边活动，只有当教学活动达到同步时效果才能最佳。注入式、满堂灌的教学是封闭式的，教学信息得不到及时反馈，教学不可能同步，效果也就不可能最佳。“三环节·三反馈”教学方式的教学以信息反馈为主线，课堂教学力争做到即时反馈、即时评价、即时矫正、即时调控，教学过程的安排，变信息输入式为信息处理式，变信息单向传递为信息多向传递，变封闭式教学为开放式教学。这样就能使得师生双方始终保持教学信息畅通，达到教学同步，实现课堂教学优化。

5. 有利于因材施教、发展个性

传统教学习惯统一要求，教学平均主义，致使优生“吃不饱”，基础差的学生“吃不了”。“三环节·三反馈”教学方式的课堂教学结构及有关辅助材料的设计等都有利于实行因材施教。教师在复习提问、巡视辅导、精讲课文、课堂练习、作业布置与批改、单元测验的各个环节都能给尖子生和基础差的学生“开点小灶”，让快者快学，慢者慢学，使各有特点的学生学有所得，学有所爱，学有所长。

6. 有利于减轻师生过重负担

死记硬背、加班加点、拼命式的教学有时也能取得高分，但增加了师生过重负担，使其身体和精神都受到摧残。“三环节·三反馈”教学方式课堂容量密度较大，复习诊断题、导学思考题、精练反馈题等都预先编印好，可节省抄题时间，又有层次要求，一般能做到当堂教学、当堂过关，课外作业量不大。特别是当学生的自学能力逐步得到提高时，师生的教学负担也就逐步减轻。

7. 有利于大面积提高教学质量

由于“三环节·三反馈”教学方式强调课堂教学各个环节做到即时反馈、即时评价、即时矫正，使得教学同步，实现课堂教学优化。当天教学当天反馈、当天评价、当天矫正、当天过关，单元知识单元过关。这样对每个知识点力求做到反复复习几次，以加深对知识的理解、记忆和巩固；对学困生及时进行辅导、补救，可以缩小差生面，有利于大面积提高教学质量，有利于九年义务教育的实施。

8. 有利于青年教师的培养

本项实验不仅操作性较强，而且要求实验班老师重视教育教学理论的学习，要自觉转变教学思想，更新教学观念。自觉运用好“三论”及其抽象出来的三条基本原理和三条教学原则。实践证明，凡参加本项实验的老师，特别是青年教师，大都能较快地成为学校的骨干教师。

（十）实验应注意的问题

几年来的实验研究表明："三环节·三反馈"教学方式确定的实验目标不仅是合理的，而且经过努力也是可以达到的；实验的理论依据不仅是可靠的，而且也是可行的；实验老师应遵循的三条教学原则不但是符合教学规律的，而且是现代教学对每位老师的基本要求；实验的辅助用书《导学与反馈》不仅有利于教，而且有利于学；实验教学过程不仅教有模式，而且学有指导；实验范围不仅中学适用，而且小学也适用，不仅文科适用，而且理科也适用。只要实验班老师能真正吃透本项实验的精神实质（教会做人、教会学习、教会思考），把"导学启思、反馈矫正"贯穿教学过程始终，认真按照本项实验的要求进行教学，是很快可以取得显著效果的。

但在多年的教改实验中，我们也发现有的实验班效果不明显，有的实验班自生自灭。其中原因是多方面的，有学校领导问题，也有实验班老师本身的问题。为了使这项实验能健康发展，并取得预期的效果，特提出以下几个要注意的问题。

1. 要切实加强对教改实验的领导

有的实验班由于得不到学校领导的应有重视与支持，实验过程中遇到的一些困难不能得到及时解决，如缺少舆论方面的支持，评比压力大，经费缺乏，培训会议不让参加，工作变动随意性大，等等，致使有的实验班只得半途而废，有的自生自灭。因此，我们认为，领导重视是使得教改实验能顺利进行的根本保证，不少实验班取得成功的经验也充分说明了这一点。我们建议：

（1）校长要亲自抓教改实验。从教改实验计划的制订到组织实施、总结推广全过程都得亲自参加，并进行具体的布置与指导。学校要组建教改实验领导小组，校长要亲自抓，分管领导具体抓，先抓点后抓面，各部门要密切配合，德育要先行，努力创设良好的教改环境。学校要划出一定的经费支持教改实验，要减轻实验班老师的各种评比压力，要帮助实验班老师解除后顾之忧，特别是不要随意变动实验班老师的工作，不要随意变动实验班学生。只有这样，才能保证实验的顺利进行。

（2）学校要成立实验指导小组或实验研究小组，加强实验的指导与研究工作，每学期要召开一次研讨会，及时表彰一些获得优秀成果的班与老师，总结推广成功的做法，解决一些实验中出现的问题。

2. 参加实验的老师应努力做到

（1）要有强烈的教改意识。要有高度的工作责任心，不怕吃苦，不怕冷嘲热讽，不怕失败，要有持之以恒的工作韧劲。

（2）要制订教改实验的方案。实验过程注意积累数据资料，经常进行分析研究，不断总结成功的经验和失败的教训，要重视“个案”跟踪与分析。

（3）要认真钻研实验的理论依据。明确实验的具体目标、内容和方法，认真贯彻好三条教学原则，掌握课堂教学的一般模式，真正吃透实验的精神实质，不照搬照套，不鹦鹉学舌、邯郸学步，要结合学生的实际和教师自己的教学风格与经验，对实验进行内化、升华。要把“导学启思、反馈矫正”贯穿实验过程始终。

（4）要充分地了解学生。做好各种调查，包括思想品德、知识基础、学习方法与习惯；要把实验的要求告诉学生，取得学生的密切配合；要帮助学生制订学习计划，要指导学生学习方法，特别指导学生如何用好《导学与反馈》，如何处理好课本与《导学与反馈》的关系。

（5）要特别注意防止两极分化。要采取有力措施防止“差生”产生，要落实“小组互助学习”，扎实开展“兵教兵”活动，一旦出现两极分化，要立即采取补救措施。要切实过好教读关，精心安排好课堂 45（40）分钟。

（6）要自觉地加强教育教学理论的学习。通过学习与实践，转变教学思想，更新教学观念，改进教学方法，运用现代教学手段。要结合实验的总体要求，积极开展课题的研究，积极地撰写经验总结、实验报告或学术论文。

附录

关于《导学与反馈》的编写与使用

（一）《导学与反馈》的内容及好处是什么

《导学与反馈》是根据课标要求、教材特点、教学目标以及学生实际，为指导学生进行主动知识建构而编制的学习辅助材料。它以学生的发展为本，以教学目标的达成为出发点和落脚点，遵循学生的学习规律，将学习的重心前移，通过科学有效的导学、导思、导议、导练、导评，达到学习效益的最大化。具体有以下几点好处：

1. 有利于学生主体地位的落实。课前，学生拿到《导学与反馈》后，就可提前进入自主学习的状态，可以明确一节课的学习目标任务是什么，重点难点是什么，并有目的地进入课前先学状态：独立完成复习诊断题；根据导学思考题自学课本，完成部分导学思考题，不理解的地方可做上记号；课前或课上向同学或老师请教，做到上课时“有备而来”。课上，学生在教师的点拨指导和《导学与反馈》的书面指导下，再次或自学或互学，或质疑问难或自我探究，自觉参与到学习群体中，融入学习的每一个环节中。学生在教师的指导和同学的互助下，自主学习与合作学习得到真正落实，“先学后教，先议后教，先练后教”得到真正落实，学生真正成了学习的主人。

2. 有利于教师主导作用的发挥。学生自主学习能力的培养，不是无师自通，而是在教师的指导帮助下养成的，所以，任何时候都不能忽略或取消教师的主导作用，否则学生的学习将会成为盲目、无序、无目的、无方法、无目标的学习。教师从编写《导学与反馈》开始，就已进入了指导角色，因为学习内容、学习目标、学习重难点的确定，学习方法、学习环节以及导学思考、反馈练习题的设计，无一不是教师智慧的体现。上课之前和课堂上教师要及时搜集学生学习的反馈信息，及时评价矫正学生的学习，并根据教学过程的变化及时给予学生帮助和点拨，进行宏观指导和微观辅导，促进学生知识的生成与能力的提升，使得教学的针对性得到真正落实。教师再也不是目中无人的讲解者，而是真正参与到学生的学习之中，成为真正的启发者、点拨者和诱导者。

3. 有利于因材施教的实施。每个学生手头有了《导学与反馈》，都可以有不同的学习方式、学习策略和学习速度，他们可以根据自己的需要，或独立钻研，或请教老师、请教同学，按需索取，自由地完成学习任务。教师则根据不同学生的不同学习状况或集体点拨或个别指导，在教学的各个环节都能给尖子生和基础差的学生开点“小灶”，让快者快学，慢者慢学，使各有特点的学生学有所得，学有所爱，学有所长。教师的主要精力集中在那些学习暂时有困难的学生身上，并根据他们的不同特征对症下药。这才是真正的异步学习、异步指导，真正的因材施教。

4. 有利于减轻师生过重负担。《导学与反馈》能起导学、导思、导议、导练、导评的作用，它的设计遵循了学生学习的认知规律，由课前先学开始，到提出问题、研讨学习、释疑解难、精练反馈、评价小结，再到拓展训练，环环相扣，知识生成、能力提升自然得到培养。有了《导学与反馈》，学生有备而学，他们的学习是有方向、有目的、有策略、有方法、操作性极强的有效学习。另外，《导学与反馈》是根据课程标准和具体的学习目标设计的，各类题目都预先编印好，可节省抄题时间，又有层次要求，一般能做到当堂教学当堂过关，课外作业量不大，特别是当学生的自学能力逐步得到提高时，师生的教学负担也就逐步减轻。

5. 有利于培养学生的学习能力。教师教是为了不教。《导学与反馈》中设计的一个个问题都是围绕课本上的新知识设计的，学生在解决问题中会首先意识到，要解决《导学与反馈》中的问题不看书不行，看书不思考不行。这样，就有利于培养学生带着问题看书和看书后进行思考的良好习惯。学生在尝试解决问题的同时既掌握了知识，又培养了能力。通过一段时间的训练，学生自然就能学会自主学习，学会自己提出问题，寻找解决问题的方法和途径，不仅可以摸清学习的规律，还可以有创新的方法和措施。另外，学生在自学中，一定会遇到一些难以解决的问题，必然想与其他同学进行探索与交流，这样，小组合作学习成为一种自觉行为，学生合作学习的能力自然得到培养。

6. 有利于激发学生的学习兴趣。学生有了《导学与反馈》，将学习的重心前移，规定了先学的内容、方法和要求，在很大程度上满足了学生的好奇心和求知欲。课堂上教师采用的是启发式、问题式、讨论式、探究式、练习式的教学，大大激发了学生求疑解困的欲望，学习的兴趣和积极性得到了充分的调动，主动参与成了学生的一大特征。《导学与反馈》中提出的导学思考题和精练反馈题时时吸引着学生，其精力与注意力自然集中。又由于《导学与反馈》中问题与练习是固定呈现的，不像老师口头提问转瞬即逝，也不像电教的即时转换，既排除了对学生思维的干扰，又给学生思维留下了很大的空间。学生能真正集中精力去思考、去探究，这不仅有利于学生的学习，也利于学生良好品质的形成。

7. 有利于对教材的学习与理解。《导学与反馈》把静态的教材进行动态的开发使用。它把教材按照学科知识的逻辑和学生的认知规律进行情景化、生活化、问题化设计和加工，特别注重把教材的知识细化为一个个学生能解决的问题，并提前呈现给学生，让学生在学习新课前，对要学习的内容、重点和难点等一目了然，对所学的知识有一个充分的思想准备。在整个学习过程中，《导学与反馈》有效地引导学生在解决一系列问题的过程中走进教材，实现对教材的学习和理解，使教材成为学生获取知识的第一资源。

8. 有利于教师的培养与提高。一份好的《导学与反馈》，教学目标与教学思路既是统一的，又是多元的；既有共同的集体智慧，又有每个教师充分施展的空间；既体现了合作研究、博采众长，又留有公平竞争的余地；既把备课时的隐性思维转化成显性思维，把教师静态的个人行动转化成动态的合作研讨，又为个人提供了个性化探究、建构的可能。通过《导学与反馈》的编写与使用，既能加速新教师、青年教师的成熟和骨干教师的培养，又促进了中老年教师的进一步创造与提升。

（二）怎样编写高质量的《导学与反馈》

1. 编写《导学与反馈》的目的是什么

《导学与反馈》的主要功能不是为了“学会”，而是为了会学和能学，它是学生学习的方向盘，更是学生学习能力的源头，因而不是习题集。

（1）使学生学有目标。《导学与反馈》不仅要有学习的课题、内容、范围，也要有学习的目标，还要有学习过程的阶段安排，使得各个层次的学生在各个学习环节的学习任务十分明确。特别对于那些不知如何学习的学生，更要为他们指明学习方向，铺设学习之路。

（2）使学生学有方法。《导学与反馈》不仅要让学生明确学什么，更重要的是要指导学生如何学。教师要明确指导学生如何读书、如何读图、如何理解、如何记忆、如何思考、如何讨论、如何作业、如何研究等。

（3）使学生学有信心。《导学与反馈》要充分考虑学生的接受能力，要针对学生的实际，特别对基础较差的学生，要做到“低起点、小台阶、多问题、分层次、精练习、勤反馈”，既能使学生在学习中感到轻松，又能体会到成功的喜悦，从而增强学习的信心和勇气。

2. 编写《导学与反馈》的基本要求是什么

（1）与教材基本同步。原则上参照《教师用书》课时安排意见，每课时的学习内容、学习范围、学习目标、学习重点与难点等十分明确。必要时也可按课题（如数学学科的小节）或课文（如语文学科的一篇课文）来编写。

（2）重点突出，要求具体。规定了让学生做什么、什么时候做、用什么方法去做、用多少时间去做、做到什么程度才算符合要求等，具有可操作性。

（3）课前诊断题、导学思考题、精练反馈题要少、精、活，并具有基础性、导学性、导思性、典型性、针对性、层次性。

（4）集学案、课堂笔记、课堂测评等于一体。力求学生能学、教师能教、家长能查。材料主要供学生使用，便于学生自学与练习；也可供教师教学参考，学生家长也可以利用本材料检查孩子的学习情况。条件成熟时教案、学案可以统一，教师可免写教案，只要在《导学与反馈》上安排教学程序或增减内容。

3.《导学与反馈》栏目设置与作用是什么

学习课题：点明本节课所学内容与范围，包括页数、行数。

学习目标：列出本课时学习目标（重、难点可标上符号或文字）。学习目标要十分明确、具体，可操作、可测评。

课前诊断：供学生课前复习用。内容来源于两方面：一是与本节课所学知识有联系的旧知识；二是上节课所学知识。一般是二至三道题起铺垫、巩固和温故知新之作用。学生课前用10分钟左右即可完成。

导学思考：供学生课前先学或课内自学用。将新课重点内容循序渐进分点、分问题、分层次列出，供学生学习时思考、解答、质疑。每课三至五道题，有时可安排一至二道提高题、拓展题或讨论题（用★号表示），供学有余力学生使用。有些问题解决要有学法提示。

新知检测：供教师教读后或学生自学后当堂检验新课知识掌握情况。题目紧扣教学目标，一个知识点出一至两道题即可。在多数学生自测的同时，安排基础较差的若干名学生在黑板上板演解题过程，供师生讲评。（新知检测题不让学生提前完成，或不印发给学生，新课内容较多时此栏目可舍去或合并到“精练反馈”栏目中去。）

精练反馈：供学生课内过关用。多数题目来自课本练习题、复习题中的原题（一般标出题号即可，不一定重抄题目）或改造题，适当补充一些课外题目，题型要多样，题目要精选，各题要有分数，相当于一份小试卷。精练反馈题分 A、B 两个层次，要求各层次学生用 12 ~ 15 分钟当堂完成（优生也可先做）。教师要及时指导学生对自己的练习结果进行自我评价或小组同学相互评价。

评价小结：在学生自我或相互评价的基础上，教师对学生的练习结果进行总结性反馈评价。并归纳出本课重点、关键和注意问题，有时可用网络的形式展现知识系统，形成知识结构。供课结束时学生复习、巩固用。课后小结有时可由学生完成。

拓展深化：供学生课内、外使用。绝大部分题目来自课本习题、复习题，部分题目来自课本之外，分必做题、选做题，以满足不同层次学生需要。一定要控制题量，一般以学生半小时内能完成为宜。本栏目也可并入“精练反馈”栏目。

教学后记：供学生记载预学时的问题及课堂学习后的反思所用；供老师课后写教学反思所用。

栏目设置可根据学科特点自行安排，不拘一格。

《导学与反馈》每课一张，五号字，A4 纸打印，标题、栏目用黑体，正文用宋体，留出学生解答空白。“新知检测”前几个栏目一般安排在正面，其余栏目安排在反面。

4. 怎样设计好“导学思考题”

在《导学与反馈》中，设计“有思考价值的问题”显得十分重要，因为“问题”是知识和能力的集中体现，所以问题的设计必须具有科学性、启发性、针对性、艺术性和实效性。另外“问题”的大小、深浅、繁简等“度”的把握也直接决定着问题设计的质量，这就需要编写者进行细心揣摩，仔细推敲。一般来说“问题”的来源有以下几个方面：

（1）教材中的重点、难点、注意点；

（2）学生易出错、易混淆、易遗忘的问题；

（3）教师觉得最想讲、最有必要讲的问题；

（4）思考性、导向性、典型性、针对性、规律性特别强的问题；

（5）有利于学生养成好习惯、好方法、好思想的问题。

导学思考题中的每一道题教师不仅要精心编写，而且要指导学生认真思考和解答，真正发挥其导学启思的作用，培养学生的思维能力。

5. 怎样设计好精练反馈题

精练反馈题的设计应紧扣本节课的教学内容和学习目标及学生的认知水平进行。具体要求是：

（1）题目要少、精、活。能紧扣课标、目标明确、重点突出、基础扎实、启发思维、难易适中、分量适度、针对实际。

（2）类型、题型多样化。如诊断性练习、单一性练习、巩固性练习、对比性练习、针对性练习、多元性练习、翻译性练习、操作性练习、综合性练习、发展性练习、创造性练习等，有时多种功能的练习综合使用。要主观题、客观题相结合。

（3）分层要求。A 层次题侧重于基础知识基本技能，侧重于巩固强化所学知识的识记、理解与运用，属基础题，难度系数较低，主要供一般学生使用；B 层次题侧重于对所学知识的深化运用，难度、灵活度较大，主要供学有余力的学生使用。另外，对于不同年级、不同学科的学生练习的侧重点也应有所不同。

6. 怎样运用好精练反馈题

（1）要注重培养学生的时间观念和效率意识。精练反馈题要求学生当堂完成（15 分钟左右），力求让他们在短时间内采用最佳的方法准确解决问题。切忌像放羊似的让学生自由练习。

（2）要加强练习方法的指导。教师要教给学生做练习题的好方法，开始时要作必要的示范，要求学生认真审题，细心解答，先求正确与规范，后求熟练与速度，遇到困难时，要先复习课本内容，实在想不出来时，再请教同学或老师。要重视培养学生做完练习后进行自我检查的好习惯。

（3）要注意练习结果的及时反馈。教师对学生的练习应及时地、客观地、正确地予以评定，指出优缺点，表扬练习中表现好的学生，注意纠正学生练习中出现的错误，指出改进的要求与方法。让学生能看到成绩，知道不足，改进方法，增强学习动力。

7. 编写《导学与反馈》的程序有哪些

《导学与反馈》的编写一般有两种形式：第一种形式是组织有丰富教学经验的骨干教师统一编写好，经备课组讨论修改后，再提供给各位任课老师使用；第二种形式是所有任课教师每人承担一部分编写任务，经主审人审阅后，再由备课组集体讨论，最后提供给各位任课老师使用。具体程序如下：

（1）学期末，备课组召开会议，研究讨论新学期《导学与反馈》编写的有关事项，明确编写的目的与要求等，并将编写任务进行分解，落实各部分主写人、主审人。

（2）主写人利用假期编写好自己所承担部分的《导学与反馈》，并将初稿交主审人初审，主写人根据审阅人意见再次作修改。主写人在编写前要认真研读课标与教材，明确课标与教材的基本要求，并要考虑本校学生的实际，应适当参考一些有价值的教辅资料和网上资源。

（3）备课组提前一周集体备课，着重讨论主写人编写的、经主审人初审过、一周后要使用的《导学与反馈》的科学性与实用性。如，教学目标是否十分明确，教学重点是否准确与突出，教学难点是否有效突破，教学容量密度是否恰当，各类题目是否少精活，如何指导学生自学最有效，学生自学时可能会遇到哪些疑难问题，如何引导学生解决这些问题，等等。

根据大家的意见，主写人进一步修改《导学与反馈》，再送主审人定稿后，由备课组长或教研组长或教导主任签发各任课教师。

（4）各任课教师再次深入解读《导学与反馈》，并结合各自班级实际和各自的教学风格，对《导学与反馈》做适当增删后，即可付印与使用。

8. 评价《导学与反馈》的标准是什么

（1）有针对性。就是指教师设计《导学与反馈》时，要做到

“心中有人，目中有纲”。“心中有人”指心中要有学生，要充分了解学生认知水平和已有的知识基础，充分考虑如何导学生学，如何导学生思，如何导学生练，如何做到因材施教；“目中有纲”指要以课标为纲，以教材为依据，要做到目标明确，重点突出，难点分散，方法得当，结构合理，层次分明。

（2）有导学性。就是要把学法指导贯穿始终，重视学法指导是教会学生学习的前提和保证。学法指导主要包括知识识记和技能训练的方法指导、问题的处理策略指导。在《导学与反馈》中的学习目标设计，疑难问题提示，解题思路、方法、技巧等指导性内容和要素，要构成一条明晰的学法指导线。

（3）有探索性。就是指《导学与反馈》设计的问题是真问题，能够激发学生强烈的学习欲望，是学生通过阅读教材、查阅资料、实验操作、合作交流等学习活动，能够真正解决的问题。要把“问题导学”贯穿于《导学与反馈》和课堂教学的始终。

（4）有科学性。就是指《导学与反馈》设计的问题与学习过程的安排科学，既要符合学科性质和教学目标的要求，又要符合学生的认知规律，有一定的层次和梯度，做到循序渐进，循循善诱，使学生认识到，要解决教师设计的问题不看书不行，看书不看详细也不行，光看书不思考不行，思考不深不透也不行。

（5）有主导性。就是指《导学与反馈》的设计，虽然强调突出学生的主体地位，但并不是放任自流，而是在教师主导下的有效学习，特别注重对学习困难学生的辅导，使每一个学生都能体验到成功的喜悦，让每一个学生学有所得，最大限度地调动学生的学习积极性，提高学生学习的自信心。

9.《导学与反馈》的编写有哪些误区

（1）编写教案化。教案的着眼点在于教师讲什么和如何讲，它是以教师为中心，强调的是“教”；《导学与反馈》的着眼点则在于学生学什么和如何学，它是以学生为中心，强调的是“学”。编写《导学与反馈》的过程本身就是一个探究的过程，它不是教案的翻版，不是教案的条框的详细化或浓缩化。

（2）编写作业化。有的老师在设计《导学与反馈》时没有经过认真研究，只是把教材内容简单地编织成一个个习题，甚至机械地照搬课本内容，认为这就是“导学案”。教师如果按这样的“导学案”进行教学，必定会造成学生去抄课本，死记硬背教学内容，简单机械地寻找答案，课堂教学要么成为师生对答案的过程，要么成为试卷讲评课，根本无法实现“导学启思、反馈矫正”教学的优势。所以《导学与反馈》绝不是单纯的另外一份额外的家庭作业，要防止把《导学与反馈》搞成又一本“练习册”，从而加重学生的负担。

（3）编写共性化。《导学与反馈》的编写应体现教师对学生的循循善诱，要让优等生看到挑战，中等生看到激励，学困生看到鼓励。要让每一个学生能参与并学有所得，从而提高学生学习的积极性和独立学习的自信心，使每一位学生都有一个积极健康的学习心态。绝不能采取“一刀切”、齐步走。

（三）怎样用好《导学与反馈》

1. 先学在先，强化检查

至少要提前一天将《导学与反馈》发到学生手上，应要求学生结合《导学与反馈》的要求，安排一定时间做好课前先学，如，先粗略浏览《导学与反馈》，接着完成《导学与反馈》中的“复习诊断题”；再通读教材，并尝试解答“阅读思考题”，对不能解答的问题做上记号，或及时或在课前或在课堂上请教同学或老师。

有条件的还可以通过网络与同学或老师进行及时的沟通与交流。

“新知检测题”“精练反馈题”及“拓展深化题”，一般不要求学生在课前先做，要在老师监督下完成，一是可以防止不自觉的学生抄袭作业，二是可以控制时间，训练学生的解题速度。但对于优秀学生（要当小老师的）或信得过的学生，有时也可以让他们先做，这样，课堂上他们就能抽出时间来辅导学习较困难的同学。

教师在上新课前一定要采用多种方式对学生的课前先学进行检查。如，教师可有代表性地直接检查若干名学生课前先学的情况；教师也可通过提问学生或让学生板书或小测等形式检查学生课前先学的情况；教师也可指定若干个学科组长或小组长在课间或课内对学生课前先学情况进行检查，再向老师汇报。当新课内容较多时，先学检查可提前在课前进行，以免影响上新课时间。先学检查的着重点应放在学困生身上。

2. 了解学情，以学定教

教师通过以上检查，了解学生旧知识掌握情况以及新知识理解掌握情况，并以此来决定课堂上教师该做什么。如：该指导什么？该启发什么？该讲什么？不该讲什么？详讲什么？略讲什么？再次进行课前备课，以解决教学的针对性。否则课前预学就失去了它的意义。这是先学后教的核心所在。

课堂上，教师根据学生课前先学的反馈信息，可以有重点地再次组织学生课内自学，也可以通过适当的启发、点拨、讲解、讨论、操作、练习等，有针对性地帮助学生掌握教材的重点，强化注意点，为学生解决疑难问题，帮助学生分析错误原因，启发学生积极思考，引导学生揭示知识的内在联系与规律。教师不要急于将答案告诉学生。

教学过程中，教师要努力做到：课本放手让学生自己阅读，新知放手让学生主动探索，重点、难点和疑点放手让学生讨论，提出的问题放手让学生思考解答，结论或中心思想等放手让学生概括，精练反馈题放手让学生独立完成，学习规律放手让学生自己寻找，知识结构放手让学生自己构建。

3. 加强指导，落到实处

教师要十分重视学生课前预学及课内自学的指导。教师在指导学生自学时要做到：明确时间（用几分钟），明确内容（学习教材的第几页），明确方法（在自学时要运用什么方法），明确要求（在自学时要思考哪些问题，准备让教师检查）。

教师要教给学生学习的通法，如怎样预习、复习、听讲、提问、答问、解题、阅读、思考、解疑、讨论、实验等；还要教给学生各学科的学习方法，如怎样学好概念、公式、法则、定理、定律，怎样学好字、词、句、语法、修辞等。

使用《导学与反馈》教学要落实以下几点：课前备课要精选教学内容、方法、习题、例题、问题；课中教学要精讲重点、难点、注意点和学习方法，少讲、少问、少板书，要进行宏观的指导和微观的辅导，不满堂灌，重在启发解惑；课末评价要精练有典型意义的“双基”题、思维题，不搞题海战术，分层要求、分层辅导，人人动脑、人人动手，及时评价、反馈与矫正。练习有发必收、有收必批、有批必评、有评必补。

4. 处理关系，提高效率

（1）处理好《导学与反馈》与教材的关系。要以教材为主，《导学与反馈》为辅。师生都要借助《导学与反馈》，把教与学的侧重点放在理解教材、掌握教材内容上。另外，有了《导学与反馈》后，其他课外辅导材料尽可能少用或不用，以免增加学生负担。

（2）处理好教与学的关系。刚起步时，应以“教读”为主，就是“教在前，学在后；以教导学，以教促学”。“教读”一个阶段（短则一周，长则数周）后，应以“导读”为主，就是“学在先，教在后；不学不教，以学定教”。一定要下大气力抓好“教读关”，否则，“先学后教”就无法落实。

（3）处理好教师与学生的关系。教师是主导，学生是主体。应努力做到：凡是学生看得懂的要留出时间让学生去看，教师不教；凡是学生讲得出来的要留出时间让学生去讲，教师不说；凡是学生想得出来的要留出时间让学生去想，教师不启发；凡是学生写得出来的要留出时间让学生去写，教师不示范；凡是学生做得出来的要留出时间让学生去做，教师不演示。

（4）处理好学生与学生的关系。高效课堂的抓手是小组互助学习，就是开展“兵教兵”活动，这种小组很像是“小班”，小组长就是一位“小老师”。其主要特征是，以讨论、交流、帮助等形式研讨某个问题的解决方案，可得到以下的训练：①倾听。认真听取别人的意见。②表达。发表自己的看法并对别人的意见进行评价和补充。③协作。用不同形式（如读、说、做、板演、“兵教兵”等）展示问题的解决过程。④分享。让每个人分享别人的成果，获得成功的体验，并从中反思自己的学习行为。小组互助学习可以集中大家的智慧，有利于问题的解决和学生团队精神的培养，应成为学生学习活动的重要形式。

首先要选好小组长，小组长组织管理、协调能力要较强，学习成绩好，有服务意识；要组建好学习小组，科学搭配好组员，做到“组内异质、组间同质”，每个小组 4 ~ 6 人为宜（若为 6 人小组，则桌凳最好摆成“马蹄形”；若为 4 人小组，则需要时前后桌拼起来即可）；要明确各小组长（如常务组长、学习组长、纪律组长、卫生组长、若干学科组长，也可兼任）及各位组员的职责任务；要加强小组长的培训，使他们尽快成为“小老师”；要给每个小组准备一块小黑板，便于小组成员板演与交流；要实行学习小组全组人员思想表现、纪律卫生、学习成绩等捆绑评价；要实行各小组开展“兵教兵”活动的验收制度。

（5）处理好《导学与反馈》与教案的关系。对于新教师来说，最好是先写好教案，再从教案中提炼出一份《导学与反馈》；对于有经验的老师来说，经学校同意后，可以不再写教案，而只要求在《导学与反馈》上面写上教学程序与教学中应该注意的有关问题即可。

（6）处理好《导学与反馈》与教情的关系。使用《导学与反馈》时，可以根据班级学生实际情况和教师个人的教学经验与教学风格作适当的增删，不要照搬照套。如，对课时的安排、内容的选择、环节的安排等可作适当调整。

（7）处理好预设与生成的关系。“预设”是“生成”的基础，“生成”是“预设”的提高。预设体现教学的计划性和封闭性，生成体现教学的动态性和开放性，两者具有互补性。预设过度必然导致对生成的忽视，挤占生成的时间和空间；生成过多也必然影响预设目标的实现以及教学计划的落实。所以，预设要留有余地，时间不能排得过满；同时课堂上也要高度重视生成，学生有新的问题，教师一定要好好把握，使教学更加精彩。

5. 观念先行，狠抓落实

如果思想不解放，教育观念不更新，即使《导学与反馈》编得再好，教师课讲得再好，教学效率也不可能高。教师要努力把先进的教育理念变成教学行为，当然需要经历一个长期的、痛苦的过程。

布鲁姆说，“95% 以上的学生是可以学好的，只是时间问题；95% 以上的学生是会学的，只是方法问题”。先进教改理念有：“没有教不好的学生”，“课堂教学的过程是学生学习的过程”，“教师的责任不在教，而在教学生学”，“不学不教，先学后教，以教导学，以学促教”。叶圣陶先生强调：教是为了不需要教，“懒”教师才能教出勤学生来。这些新观念要天天念叨，并逐步落实。

要坚持从起始学科抓起，从最后一名学困生抓起，不让一个学生掉队，不让一个学生辍学。教师上课的起点是学困生，重点也是学困生；课堂上回答问题、板演、做实验，学困生都应优先安排；对学困生的练习、作业、试卷也应优先批阅。要坚持实施学困生验收制度，查到问题及时纠正，真正做到当堂教学当堂过关，当天教学当天过关，当周教学当周过关，单元教学单元过关。